佐藤周生 著

はじめに

　以前、とある職場で働いていたとき、40代、50代のパートの女性たちと話をすることが多かったのですが、料理の話になると聞かされるのは悩みばかり。
「毎日なにを作ったらいいか考えるのが面倒で」
「仕事で疲れて、晩ごはんを作るのがおっくうなの」
　私は家庭の事情で、中学・高校の間、毎日家族の晩ごはんを作らねばならず、大変な想いをしてきたので、その主婦たちの気持は痛いほどよくわかります。

　私自身は料理の道を志し、大阪の老舗割烹料理店で10年以上修業を積みました。しかしその後、人づきあいが苦手な性格のせいか、十数店もの飲食店を転々とし、落ち着かない料理人人生を過ごした時期もあります。
　レシピの発信をするようになったのは、料理人としての経験を活かし、前述の女性たちのような家庭料理に悩む方たちの「助けになりたい」という気持ちからです。

　まずは、自分と目線が近い働く男性のためのブログとメルマガをスタート。「簡単でおいしい、元気

の出る料理を。ひとりでも忙しくても手作りして楽しんでほしい！」という気持ちではじめました。

　さらに最近は、定年で時間ができるようになってから料理をはじめる男性も多いと聞きます。そんな料理経験が浅い方でもきちんと作れるよう、できるかぎり写真を多く使ってわかりやすく手順を説明することに力を注いだ結果、ありがたいことに男女問わず様々な読者の方にご好評いただくようになりました。

　現在はお店で働くことからは一時退いていますが、私の料理のベースには10年修業した割烹はもちろん、たくさんのお店で働いたからこそ学べたことがとても役に立っています。

　お店で必ず注文が相次ぎ、すぐ完売してしまう料理、親方に褒められたまかないなど、この本には、そんな「居酒屋めし」を集めました。

　キッチンで悩んでいる女性たち、料理をはじめたばかりの男性たち、そして、本当においしい家庭料理を知らない若者……。ぜひこの本のレシピで、おいしい料理を自分で作って食べるという台所の原点に立ち返ってみてもらえたらうれしいです。

CONTENTS

- 2 はじめに
- 8 本書の決まり

第1章 大満足の肉料理

- 12 究極の！ 豚しょうが焼き
- 14 究極のずぼら！ フライパンのまま出す 牛肉のスタミナすき焼き風
- 16 さっぱりと肉が食べられる！ 牛肉のたたき
- 18 ガリバタ醤油！ 牛サイコロステーキ豆苗サラダ添え
- 20 "せんべい衣"のサクッと！ とんかつ
- 22 極旨！ 簡単煮汁で豚の角煮
- 24 皮パリ！ 肉汁ジューシー！ 鶏もも肉の黒こしょう焼き
- 26 白ワイン香る塩味ベースで！ 鶏もも肉のジューシー唐揚げ
- 28 お酒のアテにも、おかずにも！ 鶏つくねの照り焼き
- 30 野菜も一緒に！ 豚肉とブロッコリーのごま味噌炒め

第2章 あっという間にできるおつまみ

- 34 フライパンで簡単！ 焼き枝豆
- 35 旨味たっぷり いかのバター醤油炒め
- 36 最強おつまみ ししゃものガーリック焼き
- 37 ビールが進む！ たこと春菊のガーリック炒め
- 38 失敗知らず！ 菜の花の韓国のりあえ
- 39 ごま香る！ 刺し身こんにゃくとたくあんのキムチあえ
- 40 混ぜるだけ！ トマトのさっぱりナムル風
- 41 しその香り！ えびとしめじと春菊の和風アヒージョ

第3章 野菜も食べなさい

- 44 いもいも感あふれる男のポテトサラダ
- 46 手作り！ にんじんドレッシングの
  ほうれん草とくるみのシンプルサラダ
- 48 ごま醤油ドレッシングで！
  白菜とカリカリじゃこのシンプルサラダ
- 50 食物繊維たっぷり
  焼きさつまいもといんげん豆の卵サラダ
- 52 激旨の常備菜！ 大根とごぼうの挽き肉きんぴら
- 54 簡単煮物！ 大根、にんじん、こんにゃくのごま煮
- 56 ほったらかしで旨い 大根と油揚げのあっさり煮物
- 58 水を使わずに キャベツと豚バラ肉のミルフィーユ蒸し
- 60 新たまねぎの"ツナマヨ"詰め
  まるごと焼きあっさりしょうがあんかけ
- 62 熱々！
  春キャベツのしゃきしゃきサラダ 木の芽ドレッシング

第4章 卵と豆腐は強い味方

- 66 誰でも作れる！ 邪道なだし巻き卵
- 68 手間なし！ 丸ごと蒸し卵のかに和風あんかけ
- 70 プリプリで旨味満タン かきの卵とじ鍋
- 72 豆腐入りでふわふわ！ かに玉和風あんかけ
- 74 残り物でもOK！ 豚肉と焼き豆腐のふわふわ卵とじ
- 76 ガッツリ！ にら玉もやし炒めのしょうがあんかけ
- 78 野菜たっぷり！ とろとろ卵のとん平焼き
- 80 お手軽！ えびとせりのだし汁卵とじ

- 82 即席蒸し器で　一丁豆腐のオクラ鶏そぼろあんかけ
- 84 揚げたて！　生揚げ
- 86 熱々！　豆腐の焼きねぎしょうがだれ
- 88 あっさりヘルシー！
  ほうれん草と豆腐のツナマヨ和風グラタン

第5章 切り身と刺し身の魚料理

- 92 じんわり甘辛！　銀鮭のハニーマスタードタルタル
- 94 作りおきできる！　彩り野菜の鮭南蛮漬け
- 96 もっとも簡単！　かれいのあっさり煮付け
- 98 秘伝の"たれ"で　鯛の切り身山椒照り焼き
- 100 簡単グリル！
  アスパラと鯛の旨醤油あんかけ
- 102 あっさり簡単！　塩さばの旨塩煮
- 104 ジューシー！　ぶりときのこのバター醤油ステーキ
- 106 フライパンでできる　かつおのたたき
- 108 しゃきしゃきとろろのまぐろ山かけ
- 110 鯛のカルパッチョ風サラダ　にんじんドレッシング

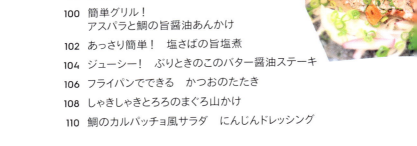

第6章 汁物とひとり鍋

- 114 おかずに匹敵！　野菜どっさり豚汁
- 116 ホッとする味　鮭とさといもの白味噌汁
- 118 食べれば元気になる　あさりとごぼうの赤だし
- 120 ごま風味　牛肉とごぼうのおかず味噌汁
- 122 味噌汁仕立ての　臭みなし！　船場汁

- 124 冬のごちそうゴロゴロ　ぶりの粕汁
- 126 たまねぎの甘味際立つ　モロヘイヤと牛肉の和風スープ
- 128 ゆずポンで絶品！　鶏すき焼き鍋
- 130 ごまが香ばしい！　鶏もも肉と水菜のごま風味味噌鍋
- 132 究極の鍋だし！　鶏ぶつ切り肉の旨塩だし汁鍋
- 134 ふわふわやわらか！　豆腐肉団子のトマト鍋
- 136 自宅で味わえる　京都の湯豆腐

第7章 一食完結、ごはんとめん

- 140 絶対失敗しない！　梅しらすチャーハン
- 142 甘辛旨い！　牛肉とたまねぎのしぐれ煮丼
- 144 あっさり旨だし　ごまだれのまぐろ丼
- 146 栄養抜群！　ひじきとちりめんじゃこのハーフ＆ハーフ玄米ごはん
- 148 万能だしで作る！　さんまとごぼうの炊き込みごはん
- 150 斬新！　旨味がすごい明太子焼きそば
- 152 コク旨！　手作りカレーうどん
- 154 熱々！　鶏旨だしのつけそうめん
- 156 豚バラ入り　濃厚かつおだし和風つけめん
- 158 温玉のせ　牛肉すき焼き鍋焼きうどん

本書の決まり

- 大さじ1＝15ml、小さじ1＝5mlです。
- 男性がおなかいっぱいになる量を目安にしているので、出来上がりはたっぷり多めです。
- 黄色いマーキングは、作り方のコツや重要なポイントです。
- 酒は、料理酒ではなく、清酒を使用しています（料理酒は塩分が多く、味が大きく変わってしまうため）。
- コンロや電子レンジは個体差があるので、加熱時間は目安です。様子を見ながら加熱してください。

【だしについて】

この本のレシピには「だし汁」が多く登場します。「昆布」と「混合かつおぶし」があれば簡単にひけるので、一度チャレンジしてみてください。私のだしは、一般的なだしより、かなり濃厚な味。でもそれが旨いのです。ほかの本には絶対に載っていないだしのひき方、お試しを！

一番だしをひく。鍋に水1ℓとさっと洗った昆布15gを入れ、ひと晩おく。

中火にかけ、沸騰してきたら弱火にして10分ほど煮る（ここでグラグラさせると昆布のえぐみが出てしまう）。

昆布を取り出して強火にする。沸騰したら混合かつおぶし30gを加え、噴きこぼれない程度の中火にする。

3〜4分グラグラと沸騰させ、旨味を引き出す。あくが出たら除く。

別の鍋かボウルにざるを重ね、キッチンペーパーを敷き込み、**4**を静かに流し入れる。最後は鍋を傾け、かつおぶしをすべてざるに移し、しぼらずに自然にこす。こしたかつおぶしは二番だしに使うので捨てないこと！

二番だしをひく。鍋に水1ℓと一番だしでこしたかつおぶしと昆布を入れ、強火にかける。

沸騰したら中火で5分ほどグラグラ沸騰させ、さらに混合かつおぶし10gを加えて3分ほど煮る。

一番だしが入った鍋にざるを重ね、キッチンペーパーを敷き込む。**7**をすべて注ぎ入れ、今度は木べらなどでしっかりしぼる。

一番だしと二番だしが混ざった状態で完成！

【だしをとるのが面倒な方には…】

代わりに水と「かつおだしの素」を使えるよう目安を書いています。かつおだしの素はできるだけ添加物が使われていないものを選んでください。

第1章

大満足の肉料理

食べれば力みなぎる、肉！ 夕食の中心にはがっつりした肉料理が欲しいですよね。にんにくを効かせたすき焼きや、ジューシーな唐揚げなど、「今日は食べるぞ〜！」という日のメインおかず。

究極の！豚しょうが焼き

料理初心者でも、チャレンジしてみたくなるのがしょうが焼きでしょう。まずは一度、きちんと計量し、"究極"のたれを知ってください。豚以外の肉や魚でもおいしくできる配合です。

材料（1人分）

たまねぎ…1/4個
にんにくの芽…5本
豚ロース肉…5枚（約200g）
※厚さ3mmほど、しょうが焼き用のもの
薄力粉…20g
ごま油…大さじ4
つけ合わせのサラダ…適量

■しょうが焼きのたれ
酒…大さじ1
濃口醤油…大さじ1
みりん…小さじ2
おろししょうが…小さじ1強

1

たまねぎは幅1cm弱のくし形切りに、にんにくの芽は長さ4cmに切る。

2

ボウルにたれの材料をすべて混ぜる。

3
豚肉に薄力粉をまぶし、余分な粉ははたく。

4
フライパンを強火で熱し、半量のごま油を全体になじませる。30秒熱したら中火にし、**1**を入れて2〜3分炒め、少しやわらかくなったらボウルに移す。

5
4のフライパンは中火のまま、残りのごま油をなじませる。豚肉を広げながら入れる。すべて入れたら強火にし、30秒ほど焼く。

6
焼き色がついたら返し、さらに30秒ほど焼く。縮んで浮いてきたら菜箸で押さえる。

7
弱火にし、キッチンペーパーで油分を拭き取る。

8
再度強火にし、**2**を加えて10秒ほど焼き、火を止める。たれを全体に絡める。

9
サラダを盛りつけた皿に、**8**を盛る。**4**の野菜をフライパンに入れて残ったたれを絡め、豚肉の上に盛りつける。

究極のずぼら！フライパンのまま出す
牛肉のスタミナすき焼き風

すき焼きの割り下はいつも家にある材料で作れます。
そして、市販よりずっとおいしい！
これさえあればいつでも「今日はすき焼き」が実現しますよ。

材料（1人分）

- ごぼう…1/6本
- キャベツ…1/8個
- たまねぎ…1/4個
- にんじん…1/5本
- にら…1/3束
- 牛薄切り肉…150g
- 一味唐辛子…適量

■スタミナ割り下
- 酒、濃口醤油、水…各40㎖
- 砂糖…大さじ4
- おろしにんにく…小さじ2

1

ごぼうはピーラーを使ってささがきにする。流水ですすぎ、水けをきる。

2

キャベツは3.5㎝角くらいに切る。

3

たまねぎは繊維に沿って5㎜幅、にんじんは2㎜幅、にらは長さ5㎝ほどに切る。

4

小さめのフライパンに**1**のささがきごぼうを敷き詰める。

5

キャベツをガバッとのせ、手前に隙間を作り、たまねぎとにんじんを、混ざるように入れる。

6

その上に牛肉を広げてのせ、さらににらをのせる。スタミナ割り下の材料をよく混ぜ、フライパンのへりから流し込む。

7

中火で4〜5分炊き、火が通ったら一味唐辛子をふって完成。

さっぱりと肉が食べられる！牛肉のタタキ

和食修業中に大人気だった牛肉のたたきは、秘伝のたれに漬けるものでした。臭みがなく、薬味をたっぷり絡めて食べるとさらにさっぱり、あっさりいただけます。

材料（作りやすい分量）

たまねぎ…1/4個
牛もも塊肉…300g
（できれば国産、オーストラリア産）
塩、黒こしょう…2つまみ
大葉…1枚
青ねぎの小口切り、もみじおろし
（大根おろしに一味唐辛子を混ぜる）、
白煎りごま、ポン酢…各適量

■秘伝のたれ
酒…160㎖
みりん…120㎖
濃口醤油…80㎖
おろしにんにく、
おろししょうが
…各小さじ1強

1

たまねぎは繊維に沿って薄切りにする。ざるに入れ、10分ほど水にさらす（新たまねぎならさっとすすぐだけでOK）。水けをきり、冷蔵庫で冷やしてシャキッとさせる。

2

ふたつきの容器に秘伝のたれの材料を入れ、よく混ぜる。

3
牛肉は目立つ筋があれば除き、焼く直前に塩、こしょうをふる。

4
コンロに網を置き、強火でよく熱する。網が真っ赤になったら**3**をのせ、時々箸で浮かせてくっつかないようにしながら、まずは一面を1分ほど焼く。網がなければ使い捨ての箸ではさんで炙る。

5
反対側、脇などすべての面を炙り、焼き色をつける。生肉に抵抗がある場合は長めに炙る。

6
焼けたらすぐに**2**のたれの容器に入れる。ある程度冷めたら冷蔵庫で1〜2時間寝かせる。長く漬け込むほどおいしい(3日間くらいまで)。

7
食べるときは厚さ3mmほどに切る。

8
皿の奥側に**1**を置き、大葉を立てかけ、**7**をキレイに広げて並べる。青ねぎともみじおろしを添え、ごまをふる。ポン酢をつけながらいただく。

ガリバタ醬油！牛サイコロステーキ豆苗サラダ添え

肉料理は食べたいけれど、体のことも気になる。そんなときのコツは、にんにくで脂肪の燃焼を促進すること、食物繊維を一緒に食べること。ふたつを兼ね備えたサラダステーキです！

材料（1人分）

- たまねぎ…1/4個
- しいたけ…中1個
- にんにく…1片
- 牛バラ肉（カレー用など）…120g
- 塩、黒こしょう…各少々
- 牛脂…1片
- バター（またはマーガリン）…10g
- 濃口醬油…小さじ1
- 好みのドレッシング…少々

■豆苗サラダ
- 豆苗…1/3株
- サニーレタス…大1枚
- レタス…大1枚
- トマト…小1個

1

豆苗サラダを作る。豆苗は根のすぐ上から切り取り、幅3cmほどに切る。ひと口大にちぎったサニーレタス、レタスと一緒にざるに入れて流水で洗い、10分ほど水に浸す。トマトはくし形に切り、へたを除く。

2

たまねぎは繊維に沿って3等分に切り、ばらす。しいたけは石づきを除き、縦に4～5等分する。

3

にんにくは天地を落とし、皮をむく。厚さ2mmほどにスライスする。

4

牛肉は大きければ半分に切って塩、こしょうをふる。==脂が多ければ塩を多めにする==といい。

5

フライパンを強火で熱し、牛脂を入れてなじませる。**3**も入れ、5秒ほど炒めたら**4**を加える。==強火のまま==3〜4分焼く。

6

全面に焼き色がついたら**2**を加え、さらに強火で焼く。

7

==たまねぎがしんなりしたら==バターを加え、さらに濃口醤油を加えて火を止める。鍋をゆすって全体にバター醤油を絡める。

8

平皿に**1**を盛り、**7**をのせる。ドレッシングをかけて完成。

"せんべい衣"の サクッと！ とんかつ

日本人の体に合った米のおせんべいと上新粉を使った衣のとんかつはサクサク、おいしい！　衣が余るので3枚くらい仕込んで冷凍しておきましょう。油少なめで処分も楽ちん。

材料（1人分）

豚ロース肉…1〜3枚
（約120g、厚さ1cmほどのもの）
塩、黒こしょう…各少々
塩せんべい…3〜4枚（約50g）
※醤油せんべいは焦げやすいので不向き
上新粉…大さじ1
卵…1個
オリーブオイル…適量
サラダ、ドレッシング、
好みのソースや塩…各適量

1
豚肉は作る30分ほど前に冷蔵庫から出して常温に戻し、塩、こしょうをふる。筋が多ければ切り込みを入れる。

2

塩せんべいは、少し濡らしたキッチンペーパーで表面についた塩を軽く落とす。

3
破れにくいポリ袋などに**2**を入れ、かたいもので叩いてつぶす。3mm角くらいになったらOK。ボウルに移す（写真は湯飲みを利用）。

4
バットに上新粉を入れ、ボウルに卵を溶く。豚肉に上新粉をまぶし、余分な粉は払い落とす。さらに卵液にくぐらせる。<mark>つけすぎると衣がはがれやすくなるので注意。</mark>

5
4を**3**のボウルに入れ、ボウルをゆすって豚肉全体にまぶす。衣がついていない部分があれば手で押しつけ、<mark>全体にまんべんなくつける。</mark>

6
できるだけ小さいフライパンにオリーブオイルを1cmほど注ぎ、強火にかける。1分ほど加熱したら中火にし、**5**をそっと入れ、片面を2分〜2分30秒揚げる。

7
返して反対側もきつね色になるまで揚げる。<mark>最後に高温にする</mark>とさらにカリッとした食感に。キッチンペーパーに上げる。残った揚げ油はキッチンペーパーに吸わせて処分する。

8
油がきれたらまな板にのせ、7〜8等分に切る。平皿の奥側にサラダを盛ってドレッシングをかけ、**7**を断面が見えるように盛る。好みのソースや塩をつけていただく。

21

極旨！簡単煮汁で豚の角煮

角煮の魅力はとろとろのやわらかさ。それには下ゆでが重要です。割合で覚えやすい煮汁の味つけは、私が店で出していたときの黄金率（水5：酒5：みりん1：醤油1：砂糖1）を伝授します。

材料（3人分）

豚バラ塊肉…400〜500g
長ねぎの青い部分…3本分
しょうがの薄切り（皮つき）
…3〜4枚
重曹…小さじ1
長ねぎの白い部分…適量

■煮汁
酒…150㎖
水…150㎖
みりん…大さじ2
濃口醤油…大さじ2
砂糖…大さじ3
（またはみりん100㎖）
しょうがの薄切り（皮つき）
…3〜4枚

1

豚肉は6〜8等分（4〜5cm角）に切る。鍋に豚肉、長ねぎの青い部分、しょうがを入れ、水をたっぷり注ぐ。重曹を加え、強火にかける。

2

沸騰したら中火にし、1時間30分〜2時間ゆでる。あくが出たらしっかり除く。途中、水分が減ったら補う。やわらかくなったら豚肉を流水に2〜3分さらし、余分な脂を流す。

3

鍋に煮汁の材料をすべて入れて強火にかけ、沸騰したら**2**を加える。

4

再度沸騰したら中火にし（できるだけ強く、噴きこぼれない程度）、10分ほど煮詰める。<mark>煮汁にとろみが出てきたら弱火にしてさらに煮詰める。</mark>時々スプーンで煮汁をかける。

5

<mark>煮汁が1/4程度まで煮詰まったら</mark>完成。火を止める。

6

長ねぎの白い部分はできるだけ細い斜め切りにする。洗水に5分ほどさらし、水けをきる。

7

小鉢などに**5**を重ねて盛り、煮汁をかけ、**6**をのせる。

皮パリ！肉汁ジューシー！鶏もも肉の黒こしょう焼き

シンプルに焼いた鶏肉はそれだけで美味。
表面がパリッと、中はジューシーに焼き上げるコツは
ふたをせず、目視で火の通り加減を見極めることです。

材料（1人分）

鶏もも肉…250g
塩…小さじ1
粗挽き黒こしょう…適量
サラダ油…小さじ1/2
酒…少々
サラダ、レモン…各適量

1
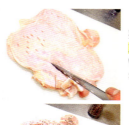

鶏肉は皮、身の両面に、包丁で20カ所ほど切り目を入れる。特に身が厚いところは大きく切り込み、広げて厚さを均一にし、熱の通りを早くする。

2

まな板に置いたまま塩を両面にふり、全体が黒く見えるくらいこしょうをたっぷりふる。飛び散ったら裏面につける。

3
フライパンにサラダ油をなじませ、**2**を皮を下にして入れる。強火にかけ、ジューッと音がしてきたら、==炎の先がフライパンに当たらないくらいの弱火==にする。ふたはせずに5分ほど焼く。

4
厚みの半分くらいまで色が変わってきたら、返す。

5
反対側も弱火のままじっくり焼き、==上下の焼き色の境目がつながったら==OK。

6
肉のまわりに酒をふり、火を止める。==フライパンをゆすって酒を身に絡める==。臭みがおさえられる。

7
まな板に取り出し、箸やフォークで押さえながら7〜8等分に切る。こしょうが落ちないように注意しよう。

8
平皿の奥にサラダを盛り、**7**を包丁ですくい上げ、手前に盛りつける。レモンを添える。

白ワイン香る塩味ベースで！鶏もも肉のジューシー唐揚げ

市販の唐揚げや焼鳥を食べて「うまいっ！」となる秘密は塩にあります。脂の強い旨味に負けない味をつけているから。塩味に合うワインは臭みとりにもなります。

材料（1〜2人分）

鶏もも肉…500g
塩…小さじ1/2弱
粗挽き黒こしょう…少々
白ワイン…大さじ2
（甘めがおすすめ）

おろしにんにく、おろししょうが…小さじ1弱
卵…1個
片栗粉…50g
サラダ油…300〜400㎖
レモン…適量

1

鶏もも肉は皮を上にしてまな板に置き、切り込みを10カ所ほど入れる。裏面も同様に。特に厚い部分は切り込みを入れて開くと火が通りやすい。

2

半分に切り、さらに3等分に切る。切り目を入れて厚さを均等にし、塩、こしょうをふり、15分ほどおく。

3

白ワイン、にんにく、しょうがを加え、さらに15〜30分おく。ざるに上げ、汁けをきる。

4

ボウルにも汁けが残っていたら除き、鶏肉を戻し入れる。卵を割り入れ、手で混ぜる。片栗粉を加え、鶏肉がくっつかないよう、均一に絡める。

5

鍋にサラダ油を入れ、強火にかける。衣を少し落とし、すぐに浮いてきたら準備OK。**4**をそっと入れる。

6

1分ほど揚げたら中火にし、さらに3分揚げる。返してさらに3分揚げる。大きめの1片を取り出し、中心まで切り込みを入れて火が通っているか確認する。赤かったり、赤い汁が出るようならさらに2分ほど揚げる。

7

バットなどにキッチンペーパーを敷き、鶏肉を上げ、油をきる。平皿にまず5個盛り、ひとつを上にのせる。くし形に切ったレモンを添える。

お酒のアテにも、おかずにも！ 鶏つくねの照り焼き

挽き肉はできれば胸肉ともも肉を合わせて質感を出します。こってりと焼いて卵を絡めれば、お酒のアテにも、ごはんのおかずにも最高。粉山椒をふるのもおすすめです。

材料（1人分）

卵…1個
鶏挽き肉（できれば胸肉、もも肉）…各100g
塩…少々
濃口醤油…小さじ1
酒…小さじ1
片栗粉…30g
おろししょうが…適量
サラダ油…小さじ2
大葉…2枚

■秘伝のたれ
濃口醤油…大さじ1
みりん、酒…大さじ1と1/3
砂糖…大さじ1

1
ボウルに卵を割り入れ、黄身だけを取り出す。

2
1の卵白が入ったボウルに鶏挽き肉と塩を入れ、ボウルの内側にこすりつけるように手で練り混ぜる。

3
粘りが出てきたら濃口醬油、酒、片栗粉、おろししょうがを加えてさらに練り混ぜる。

4
割り箸を割り、箸と箸を少しあけた状態に**3**をくっつける。難しければ皿などの上に置いてくっつけてもいい。

5
フライパンを強火で熱し、サラダ油をなじませる。煙が出たら中火にする。**4**を入れて両面をこんがり焼く。

6
耐熱皿に移し、電子レンジで30秒加熱する。

7
5のフライパンを再度熱し、秘伝のたれの材料をすべて入れる。とろっとするまでフライパンを回しながら煮詰める。

8
とろっとしたところに**6**を入れて絡める。

9
平皿に大葉を敷き、**8**を盛る。黄身を絡めながらいただく。

野菜も一緒に！豚肉とブロッコリーのごま味噌炒め

緑黄色野菜に多く含まれるビタミンA、D、E、Kは
油と一緒にとることで吸収率が高くなります。つまり、
サラダより肉と一緒に炒めるのがヘルシーへの近道です。

材料（1人分）
豚バラ薄切り肉…60g
たまねぎ…1/2個
ブロッコリー…1/2株
サラダ油…小さじ1
黒煎りごま…適量

■ごま味噌だれ
合わせ味噌（色が薄いもの）、
みりん…各大さじ1
白すりごま…小さじ2
酒…小さじ1

1

豚肉は幅3～4cmに切る。

2

たまねぎは繊維に沿って幅5mmの薄切りに、ブロッコリーは根元を落とし、細長く切る。

3

ごま味噌だれの材料を混ぜる。

4

フライパンに**1**をばらして入れ、弱火で炒める。色が変わったら取り出しておく。

5

4のフライパンは弱火にかけたまま、**2**を入れ、サラダ油を加えて絡める。

6

ふたをし、7〜8分蒸し焼きにする。

7

ブロッコリーがある程度やわらかくなったら**4**を戻し入れ、**3**をかける。

8

強火にし、たれが全体に絡んだら火を止める。ブロッコリーに若干の歯ごたえがある仕上がりに。器に盛り、黒ごまをふる。

第 2 章

あっという間にできるおつまみ

疲れて帰ってきた日でも、ちゃちゃっとおいしい
つまみを自分で作って飲みたいんです！
4ステップ以内で作れる、簡単すぎて怒られそうな
お酒のアテをご紹介しましょう。

フライパンで簡単！焼き枝豆

つまみのド定番、枝豆。私のおすすめはフライパンで簡単に作る"焼き枝豆"。いつものおいしさに、香ばしさが加わります。

材料（作りやすい分量）
枝豆…200g
塩…大さじ1＋小さじ2

1

枝豆は水を張ったボウルに入れ、すすぎ洗いする。水けをきり、さやの両端を切り落とす。包丁の口心を使うと切りやすい。

2

ボウルに入れ、塩大さじ1を加える。手首を押しつけるように、枝豆同士をこすりつける。全体にまぶせたらしばらくおく。

3

2をざるに入れ、塩を洗い流して水けをよくきる。

4

フライパンを強火にかけ、すぐに3を入れ、1分ほどゆすりながら焼く。水分が蒸発したらゆするのをやめ、両面を3〜4分ずつ焼き、皿に盛って塩小さじ2をふる。

旨味たっぷり
いかの
バター醤油炒め

短時間で調理したいかはコリコリして、噛むほどに広がるいかの旨味。5分ほどでできる最高のアテです。

 （作りやすい分量）
するめいか…1パイ
（さばいてあるもの、約150g）
たまねぎ…1/2個
塩、こしょう…各少々
オリーブオイル…小さじ1
バター…5g
濃口醤油…ごく少々
青ねぎの小口切り…適量

1  いかは水けをキッチンペーパーなどで拭く。たまねぎは繊維に沿って幅5㎜の薄切りにする。

2  フライパンを強火で30秒ほど熱し、オリーブオイルをなじませる。いかとたまねぎを入れ、中火で炒める。

3  たまねぎが好みのかたさになったら塩、こしょうをふり、バターを加えて弱火にする。

4  バターが絡んだら火を止め、濃口醤油をふる。器に盛って青ねぎを散らす。

35

最強おつまみ ししゃものガーリック焼き

安売りのししゃもは臭みが残念。だったらにんにくで焼けばいい！
黒こしょうと相まって酒が止まらない味になります。

材料（1人分）

にんにく…1片
サラダ油…小さじ1
ししゃも…大5尾

大葉…1枚
粗挽き黒こしょう…少々

1

にんにくは天地を切り、皮をむいて厚さ2mmに切る。

2

フライパンを中火で熱し、サラダ油をなじませ、**1**を入れ、弱火で1分ほど炒める。

3

ししゃもを、盛るときに上になる側（左側）から焼き始め、両面2分ずつ、==焼き色がつくまで焼く==。

4

大葉を敷いた皿に盛りつけ、にんにくを散らし、こしょうをふる。

ビールが進む！たこと春菊のガーリック炒め

ゆでだこと春菊をにんにく風味で炒めるだけ。
たこは短時間で炒めることでやわらかく仕上がります。

 材料（1人分）

- 春菊…3〜4株
- にんにく…小1株
- ゆでだこ…足1本（約100g）
- オリーブオイル…小さじ2
- 塩、粗挽き黒こしょう…各少々

1
春菊は根元を落とし、よく洗う。水けをきって束ね、幅4cmほどに切る。にんにくは天地を落として皮をむき、厚さ1mmほどの薄切りにする。

2
たこは厚さ5mm、長さ4cmほどの斜め薄切りにする。包丁を引くように切るといい。7〜8枚できる。

3
フライパンにオリーブオイルとにんにくを入れて強火で熱し、熱くなったら**2**を入れて炒める。

4
20秒ほど炒めたら春菊を入れ、塩、こしょうをふって炒める。たこがやわらかくなればOK。

失敗知らず！菜の花の韓国のりあえ

濃いめのだしに漬けて作るおひたしは"水っぽさ"知らず。
ほうれん草や小松菜、春菊などでもできますよ。

 材料（作りやすい分量）
菜の花…1束（約200g）
塩…5つまみ
濃口醤油…小さじ4
かつおぶし…小1パック
韓国味つけのり…5〜6枚

1
菜の花は長さを半分に切り、太い茎は縦半分に切る。

2
たっぷりの湯を沸かし、塩を入れ、鍋に菜の花を一気に入れる。菜箸で広げ、再度沸騰してから1分30秒ほどゆでる。

3
ざるに上げ、冷水に放って流水もかけながら一気に冷ます。15分ほどさらして苦味を抜き、手でしぼる。

4
ボウルに入れ、濃口醤油とかつおぶしを混ぜたものをかける。しっかり混ざったら醤油をしぼる。韓国のりをくしゃくしゃにつぶして混ぜる。

ごま香る！刺し身こんにゃくとたくあんのキムチあえ

くせのある味をまとめるのは、ごま！　たくあんとキムチと、漬物を2種類使うので、旨味と辛味がしっかり。

材料（1人分）

刺し身こんにゃく…30g
たくあん…20g
キムチ…40g
白すりごま…大さじ1
ごま油…小さじ1
長ねぎの半月切り…適量

1
刺し身こんにゃくはひと口大に、たくあんは厚さ2mmほどに切る。

2
ボウルに**1**、キムチ、すりごま、ごま油を入れる。

3
菜箸などでよく混ぜる。==味をみて、薄ければキムチの漬け汁を加える。==

4
器に盛り、長ねぎを散らす。

混ぜるだけ！トマトのさっぱりナムル風

切るだけでもおいしいトマトですが、時にはちょっと韓国風に。やけにあと引く味でビールと相性抜群です。

材料（1人分）

トマト…特大1個
にんにく…1片
しょうが…2/3片
白煎りごま、青ねぎの
小口切り…各適量

■ナムルだれ
　濃口醬油、薄口醬油…各大さじ1
　みりん、ごま油…各小さじ2
　一味唐辛子…少々

1 ボウルにナムルだれの材料をすべて入れて混ぜる。

2  トマトは4等分に切り、さらに縦4等分に切る。

3  にんにくとしょうがはみじん切りにする。

4  ボウルに2と3を入れ、ざっくり混ぜる。1を加えてあえる。器に盛り、ごまと青ねぎをふる。

しその香り！えびとしめじと春菊の和風アヒージョ

最近人気のアヒージョはスペインのおつまみ。にんにく香る油で具材をグツグツ。今回は和風のアレンジを考えてみました。

材料（1人分）

春菊…1/5束
大葉…3枚
しめじ…1/4袋
にんにく…2片

えび（ブラックタイガー、解凍）
…大8尾（約120g）
ヤングコーン…3本
オリーブオイル…土鍋に深さ1.5cm分
（ピュアオリーブオイル）

赤唐辛子…1本
塩…小さじ1弱

1
春菊と大葉は根元を落としてよく洗い、水けをきる。しめじは根元を落として2等分に裂く。にんにくは皮をむいて半分に切る。

2
えびは尾を切りそろえ、背に切り込みを入れて背わたを取る。よく洗って水けをきる。

3
小さい土鍋にオリーブオイル、にんにく、赤唐辛子、大葉、塩を入れて弱火にかける。ふつふつと沸いてきたら春菊以外の具をすべて入れる。

4
具を押し込みながら2〜3分煮る。すべてに火が通ったら春菊を加え、しんなりしたら出来上がり。

第3章 野菜も食べなさい

健康のためにも積極的に食べたい野菜。
もりもりおいしく食べられる、サラダや煮物たち。
見栄えのいい、野菜が主役のご馳走もあります。
野菜をもっと楽しく食べるコツを伝授しましょう！

男のポテトサラダ

いもいも感あふれる

あまりにずぼらで料理好きにはすすめない!? というレシピです。いもの皮はむかないし、つぶしません。鍋の中で全部混ぜてしまいます。でも……これがおいしさにつながるのです!

材料（3食分）

- じゃがいも…3個（約500g）
- 塩（ゆで用）…小さじ1/2
- にんじん…1/3本（約50g）
- きゅうり（大）…1/4本（約50g）
- たまねぎ…1/4個（約50g）
- 塩（塩もみ用）…小さじ1/2
- ブロックベーコン…50g
- マヨネーズ…50g
- 粗挽き黒こしょう…少々

1

じゃがいもは皮を手でこするようにしてよく洗い、芽を除いて8等分する。鍋に入れ、2回すすぎ洗いしたあと、ひたひたの水、塩小さじ1/2を加え、強火にかける。

2

にんじんは幅5mmの斜め切りにし、1枚を4〜6等分する。1の鍋に入れ、噴きこぼれないぎりぎりの強めの中火でじゃがいもと一緒にゆでる。

44

3
きゅうりは薄めの半月切りに、たまねぎは繊維に沿って薄切りにする。ボウルに入れ、塩小さじ1/2を加えて混ぜ、しんなりするまでおく。

4
ベーコンは1cm角に切る。フライパンで油なしの弱火で炒め、火が通ったら器に出して冷ます。

5
<mark>2のじゃがいもの皮が自然にむけ、少し崩れるくらいになったら火を止める</mark>。ふたで押さえながら湯だけ捨てる。

6
再度弱めの中火にかけ、木べらなどで混ぜながら<mark>水分を飛ばす</mark>。鍋底をこそげるように混ぜ、3分ほどしたら自然に冷ます。うちわなどであおいでもいい。

7
3を水ですすぎ、キッチンペーパーで包んで<mark>水分をしっかりしぼる</mark>。

8
<mark>6が完全に冷めたら、4と7を加える</mark>。マヨネーズとこしょうも加えてさっくり混ぜる。じゃがいもは崩れてもOK。器に盛り、好みでマヨネーズとパプリカパウダー（分量外）をふる。

手作り！にんじんドレッシングの ほうれん草とくるみのシンプルサラダ

高栄養のほうれん草は、生でワシワシと、手作りのにんじんドレッシングで。色合いだけでなく食感もよく、くるみは、ほかのナッツ、柿の種やポテトチップスでもおいしいです。

材料（1人分）

くるみ…適量
ほうれん草…2株

■にんじんドレッシング
にんじん…50g
オリーブオイル…大さじ4
酢…大さじ1
塩…2つまみ

1

ドレッシングを作る。にんじんは皮をむき、繊維に逆らって回すようにすりおろす。

2

ボウルにオリーブオイル、酢、塩を入れ、泡立て器でよく混ぜる。1を加えてよく混ぜる。

3
くるみは粗みじん切りにする。

4
ほうれん草は根元を切り落とす。ボウルに水を張り、じゃぶじゃぶ洗う。

5
==水けをよくきり==、茎は幅4cmに切る。

6
葉はまず縦2～3等分に切る。

7
さらに葉を幅4cmに切り、==ひと口大==にする。

8
平皿に**7**を盛り、**2**をかけ、**3**を散らす。

ごま醤油ドレッシングで！
白菜とカリカリじゃこのシンプルサラダ

生野菜からは現代人に不足しがちな"酵素"を、そして注目のオメガ３オイル「亜麻仁油」をとれるサラダです。カリカリのじゃこで飽きずに完食、間違いなし！

材料（1人分）

白菜…大きめの葉２枚
乾燥ちりめんじゃこ…15g
もみのり…適量

■ごま醤油ドレッシング
りんご酢…大さじ１〜１強
亜麻仁油…大さじ４
（なければえごま油、オリーブオイル、サラダ油）
濃口醤油、みりん、塩…ごく少々
白すりごま…大さじ１

1

白菜は流水ですすいで水けをきり、縦半分に切る。

2

２枚を重ね、幅２mmに切る。葉の部分はやわらかいので少し大きめでもOK。

3

ボウルに水を張り、**2**を入れ、軽く混ぜる。<mark>水をきり</mark>、ボウルに入れて冷蔵庫に入れ、シャキッとさせる。

4

フライパンを1分ほど中火で熱し、ちりめんじゃこを入れ、<mark>菜箸で混ぜながら</mark>煎る。

5

色がつき始めたら弱火にし、7〜8分、全体が茶色くカリッとしたらOK。ボウルに移す。

6

ドレッシングを作る。別のボウルにリンゴ酢と亜麻仁油を入れて泡立て器で<mark>しっかり混ぜ</mark>、濃口醤油、みりん、塩を加えてさらに混ぜる。

7

ごまを加え、さっくり混ぜたらドレッシングの出来上がり。

8

3を器に盛り、さっと混ぜ直した**7**を好みの量ずつかける。**5**ともみのりを散らす。

食物繊維たっぷり 焼きさつまいもといんげん豆の卵サラダ

サラダは体にいい！ と思いきや、実は食物繊維が足りていなかったりします。こちらは食物繊維を意識したおいもや豆がたっぷりの、食べごたえもあるサラダです。

材料（1人分）

さつまいも…50g
いんげん豆…50g
オリーブオイル…小さじ2
卵…1個
市販のドレッシング…適量
（写真はシーザードレッシング）

ブロッコリーの芽…適量

■サラダベース
サニーレタス、フリルレタス、ほうれん草、赤たまねぎ、新たまねぎ、パプリカ…各適量

1

サラダベースを作る。レタス類はちぎる。ほうれん草は4cmのざく切り、たまねぎ類、パプリカはスライスし、3回ほど水ですすぐ。ボウルにすべての野菜を入れて混ぜ、水けをきる。

2

さつまいもは厚さ4〜5mmの輪切りにする。大きければ半月切りにする。いんげん豆はへたを落とす。

3

フライパンにオリーブオイルを入れて1分ほど強火で熱し、<mark>弱火にして</mark>、**2**を入れる。両面をそれぞれ1分〜1分30秒焼く。

4

さつまいもに爪楊枝などをさし、<mark>すっと通れば</mark>火を止める。

5

皿に**1**を盛り、いんげん豆を重ならないように並べ、その上にさつまいもを並べる。

6

4のフライパンを再度熱し、溶いた卵を流し入れ、炒り卵にする。

7

5の皿のさつまいもの両側に**6**を盛りつけ、ドレッシングをかける。食べやすく切ったブロッコリーの芽を添える。

激旨の常備菜！大根とごぼうの挽き肉きんぴら

時間があるときにササッと作っておきたい常備菜。きんぴらはその代表ですね。いろんな素材で展開できるレシピをご紹介。

材料（作りやすい分量）

- 大根…1/10本（約100g）
- にんじん…1/5本（約30g）
- ごぼう…1/2本（約100g）
- ごま油…大さじ1
- 挽き肉…100g（肉の種類は問わない）
- 一味唐辛子…少々
- 白煎りごま…適量

■煮汁
- 酒…大さじ1と1/2
- みりん…大さじ4
- 濃口醤油…大さじ1と1/2（あればたまり醤油）

1
大根は放射状に切り込みを入れる。

2
ピーラーで削ぎ、細切りにする。

3  にんじんは5mm幅の短冊切りにする。

4  ごぼうは深く切り込みを入れる。

5  ピーラーで削ぎ、ささがきにする。ざるに入れ、水にさらす。

6  フライパンを強火で熱し、ごま油をなじませる。中火にし、挽き肉を炒める。

7  色が変わったら強火にし、**2**、**3**、**5**を入れ、炒める。

8  <mark>野菜がしんなりしてきたら</mark>煮汁の酒、みりん、濃口醤油を順に加える。<mark>強火のまま煮汁がほぼなくなるまで煮詰める。</mark>

9  一味唐辛子、ごまをふり入れて混ぜる。器に小高く盛る。

簡単煮物！ 大根、にんじん、こんにゃくの ごま煮

練りごまを使った煮物"ごま煮"。高級なおせちに携わったとき何度も作りました。でも、実は筑前煮よりよほど簡単。
ひと晩寝かせて味をじ〜っくりしみ込ませるのがポイント。

材料（作りやすい分量）

大根…300g
にんじん
…小1本（約100g）
こんにゃく…1/2枚
白煎りごま…適量

■ごま煮汁
　白練りごま…大さじ2強
　だし汁…360mℓ
　（または水360mℓ+かつおだしの素小さじ2/3）
　酒、みりん…各大さじ2
　薄口醤油…小さじ4
　砂糖…小さじ2

1

大根は皮を厚め（4〜5mm）にむき、放射状に4〜6等分し、さらに厚さを3〜4等分する。

2

にんじんは皮をむき、厚さ1.5cmの半月切りかいちょう切りする。

3
鍋に**1**と**2**を入れ、ひたひたの水(分量外)を注ぎ、水から強火で10分ほどゆでる。

4
こんにゃくには両面に幅5㎜の斜め格子状の切り目を入れ、10～12等分に切る。別の鍋で水からゆで(沸騰してから1分ほど)、ざるに上げて自然に冷ます。

5
3はにんじんに爪楊枝などがすーっと通るくらいになったら、流水にさらす。冷めたら崩れないようにざるに上げる。

6
鍋にごま煮汁の材料をすべて入れて強火にかけ、混ぜながら温める。

7
沸騰したら**4**と**5**を加え、15～20分、材料がゆっくりゆれるくらいの弱火で煮る。あくが出たら除く。

8
そのまま冷まし、冷蔵庫に入れてひと晩おく。深めの器に盛り、ごまをふる。

55

ほったらかしで旨い 大根と油揚げのあっさり煮物

鍋を火にかけ、ほったらかしておくだけでおいしくできる煮物。
煮汁の割合を覚えておけば、いろいろな煮物に応用できますよ。

材料（作りやすい分量）

大根…1/2本 (500〜600g)
水菜…1株
油揚げ（正方形のもの）…1枚
かつおぶし…適量

■煮汁
だし汁…1400㎖
（または水1400㎖
＋かつおだしの素3つまみ）
みりん、薄口醬油…各70㎖

1

大根は4等分し、皮を厚めにむいて半分に切る。

2

水菜は根を落とし、洗って水けをきり、4等分にする。

3
油揚げはざるに入れて熱湯をかけ、<mark>油抜きする</mark>。水けをきって、8等分にする。

4
大きめの鍋に煮汁の材料をすべて入れ、強火にかける。

5
1、**3**、かつおぶしを入れる。

6
沸騰したら<mark>強めの弱火（ポコポコ泡が出る状態）</mark>にし、あくを除きながら煮る。

7
1時間ほど煮たら大根に爪楊枝をさして、<mark>やわらかくなっていたらOK</mark>。かたければ水1/2カップほどを加えてさらに煮る。

8
水菜を加え、煮汁をかけながら煮る。水菜がしんなりしたら出来上がり。

水を使わずに キャベツと豚バラ肉のミルフィーユ蒸し

豚肉とキャベツほど相性のいい食材はありません！
あれこれ調味料を加えず、お酒だけで蒸します。
私は豚肉好きですが、なかでもベスト３に入る大好物です。

 材料（1人分）
キャベツ…1/6個（約150g)
豚バラ薄切り肉…200g
酒…40㎖
青ねぎの小口切り、ポン酢…各適量

 1

キャベツはかたい芯を切り落とし、大きな葉の部分と小さな葉の部分に分ける。

 2

大きい方は半分に切る。芯は包丁で削ぎ、1枚ずつはがす。小さい方も1枚ずつはがして合わせておく。

3

小さめのフライパンにキャベツを敷き詰め、豚肉を重ねる。豚肉は長ければ半分に切る。

4

同様に重ね、いちばん上は大きめのキャベツの葉になるようにする。酒を加える。

5

ふたをして、強火にする。沸騰したら弱火にし、7〜8分蒸し煮にする。

6

キャベツをめくってみて中心の豚肉が白くなっていればOK。

7

形が崩れないようにまな板などに取り出し、4等分にし、さらに半分に切る。

8

2つ重ねて器に盛り、青ねぎを加えたポン酢でいただく。

新たまねぎの"ツナマヨ"詰めまるごと焼き あっさりしょうがあんかけ

春に出回る新たまねぎは、やわらかくて甘いおすすめ食材！
オーブントースターだからほったらかして焼きましょう。
ツナマヨとしょうが、新たまねぎとすごく相性がいいんです。

材料（1人分）

- 新たまねぎ…1個
- ツナ缶…70g
- マヨネーズ…20g
- こしょう…少々
- おろししょうが…5g
- 白煎りごま…少々

■しょうがあん
- 水…大さじ5
- みりん、濃口醤油…各大さじ1
- かつおだしの素…2本指でひとつまみ
- 水溶き片栗粉
  …片栗粉小さじ1＋水小さじ1

1

新たまねぎは上下を切り落とし、皮をむく。根を上にしてスプーンでくり抜く。スプーンを半分差し込んで、たまねぎの方を回すと簡単。数回繰り返す。

2

熱が通りやすくするため、爪楊枝で数カ所に穴を開ける。

3
アルミホイルを10cm角に切り、**2**をのせ、オーブントースターで20分ほど焼く。

4
ツナ缶はふたを開け、ふたを指で押し込みながら油をきる。ボウルに入れ、マヨネーズ、こしょうを加えて混ぜる。

5
しょうがあんを作る。鍋に水溶き片栗粉以外の材料を入れて弱火にかける。沸騰したら混ぜながら水溶き片栗粉を少しずつ加え、とろみをつける。

6
たまねぎの中央に爪楊枝をさしてすーっと通れば焼き上がり。かたければ電子レンジで30秒ほど加熱する。焦げがあれば切り落とす。

7
4を詰め、耐熱容器にのせて再度オーブントースターで焼く。ツナマヨがきつね色になればOK。

8
5を温め直し、おろししょうがを加える。**7**にしょうがあんをかけ、ごまを散らす。

61

熱々！春キャベツのしゃきしゃきサラダ 木の芽ドレッシング

ホットでシンプルなサラダです。そう、ドレッシングが熱いのです。これが春キャベツ独特の苦味をおさえてくれます。
せん切り不要、10分もあれば完成する時短メニューです。

材料（1人分）

春キャベツ…1/4玉
かつおぶし…適量

■木の芽ドレッシング
木の芽…3枚
（なければパセリ、ハーブ類）
ポン酢…大さじ1と1/2
みりん、オリーブオイル
…各大さじ1/2

1

春キャベツは縦半分に切り 芯を三角に切り取る。

2

1枚ずつはがし、流水で洗う。

62

3

ざるに、葉の内側を下向きに重ね入れて水けをきる。

4

3をひと口大にちぎり、皿に盛る。

5

ドレッシング用の木の芽は、葉だけをちぎりとり、包丁でざっと叩く。

6

小さめのフライパンにポン酢、みりん、オリーブオイルを入れ、混ぜながら中火で熱する。

7

沸騰寸前で火を止め、**4**を加えてドレッシングの完成。

8

5に**7**をかけ、かつおぶしをふる。

第4章 卵と豆腐は強い味方

コンビニで確実に買え、常備している人も多い卵と豆腐。これさえあれば、幸せな夕食ができるはず。ただの卵焼きや冷奴は卒業して、ひと手間かけた卵と豆腐で幸せな夕食を。

誰でも作れる！邪道なだし巻き卵

修業時代は毎日毎日焼きつづけた、だし巻き卵。ぶっちゃけ、出来上がりさえきれいでおいしければいいと思うんですよ。編み出したのはスクランブルエッグを巻けばいい！という方法。

材料（1本分）

だし汁…大さじ4
（または水大さじ4＋かつおだしの素1つまみ）
薄口醬油…小さじ1
卵…3個

サラダ油…小さじ2
大根おろし、
濃口醬油…各適量

1

水とだしの素を使う場合は鍋に入れて中火で溶かす（溶ければ沸騰しなくてOK）。だし汁と薄口醬油を混ぜ氷水に当ててしっかり冷ます。

2

ボウルに卵を溶きほぐし、**1**を少しずつ加え、そのつど混ぜる。

3

卵焼き用のフライパンを強火で30秒ほど熱し、サラダ油を入れる。うっすら煙が出たら火から放し、煙を落ち着かせる。

4

煙が出なくなったら火に戻し、**2**をすべて流し入れる。弱火にして、菜箸でスクランブルエッグのように混ぜながら焼く。

5

全体が完全にかたまる直前に、フライ返しで奥1/3を手前に折りたたむ。

6

同じ要領でもう一度手前に折りたたむ。

7

フライ返しで形を整え、下のきれいな面が上になるようまな板にのせる。4等分に切る。

8

平皿に盛り、大根おろしを添える。大根おろしに濃口醤油をかけ、つけながらいただく。

67

手間なし！丸ごと蒸し卵のかに和風あんかけ

こんなに本格的な見た目なのに、包丁もまな板も使いません。
あんは水溶き片栗粉を使わずにとろみをつけます。
さらに、せいろいらずの蒸し方まで伝授しちゃいますよ。

材料（1人分）

卵…3個

■かに和風あん
かに風味かまぼこ…3本
片栗粉…5g
だし汁…大さじ4
（または水大さじ4＋
かつおだしの素1つまみ）

みりん、薄口醤油
…各小さじ1
青ねぎの小口切り
…適量

1

ふたつきの鍋に小皿を2枚重ね入れ、水を1cmほど注ぎ入れ、沸騰させる。

2

深さのある器に卵をすべて割り入れる。

3

2を1の重ねた小皿にのせ、ふたをする。ごく弱火にして10分蒸す。

4

あんを作る。かにかまは小さめのボウルに入れ、片栗粉をまぶしながらほぐす。これがとろみのもとになる。

5

鍋にだし汁、みりん、薄口醤油を入れ、弱火でじわじわ加熱する。沸騰したら4を加え、素早く混ぜる。

6

青ねぎも加え、全体にとろみがついたら火を止める。

7

卵が、中央を軽く押さえて"ぷよん"とやわらかい感触になればOK。やけどをしないように取り出す。

8

6を温め直し、7にかける。

プリプリで旨味満タン かきの卵とじ鍋

10分で作って熱々を食べてほしい、ごはんにも合う卵とじです。私の故郷、岡山県・日生はかきの名産地。見かけたらぜひ試してください。プリップリで旨味がたっぷり、必ず満足するはず！

材料（1人分）

- 生がき（加熱用）…130g
- 大根おろし（洗い用）…適量
- たまねぎ…1/4個
- 卵…2個
- 青ねぎの小口切り、粉山椒…各適量

■ 激うまだし汁
- だし汁…150㎖（または水150㎖＋かつおだしの素小さじ2/3）
- 酒、みりん、濃口醬油…各大さじ2

1

ボウルにかきと大根おろしを入れ、かきがつぶれないように混ぜる。大根おろしが黒くなったら4〜5回すすぐ。ざるで水けをきる。

2

たまねぎは繊維に沿って幅5㎜のスライスにする。

3

卵をボウルに割り入れてよく混ぜる。

4

土鍋などにだし汁の材料をすべて入れ、強火にかける。沸騰したら**1**と**2**を入れる。

5

再度沸騰したら弱火にし、あくが出たら除く。

6

2分ほど煮たら**3**を流し入れる。表面に卵の膜を張るようなイメージで全体にまんべんなく注ぐ。すべて入れたら火を止める。

7

青ねぎを散らし、粉山椒をふって出来上がり。

かに玉 和風あんかけ

豆腐入りでふわふわ！

中華の定番、かに玉を和風にアレンジしてみました。
中には豆腐をたっぷり。卵がふわ〜っと仕上がり、
食べごたえもあります。かにはもちろん、かにかまでOK！

材料（1人分）

- えのきだけ…1/5パック（約20g）
- 卵…3個
- かに風味かまぼこ…50g
- かつおだしの素…少々
- 木綿豆腐…1/3丁（約100g）
- ごま油…大さじ2
- 青ねぎの小口切り…適量

■和風かにあん
- だし汁…120㎖（または水120㎖＋かつおだしの素小さじ2/3）
- 濃口醤油…小さじ2
- 酢…大さじ1
- 砂糖…大さじ1と1/2
- 水溶き片栗粉…片栗粉大さじ1＋水大さじ1

1

えのきは根元を切り落とし、箸でほぐす。長さを3等分する。

2

ボウルに卵、ほぐした半量のかにかま、1、かつおだしの素を入れて混ぜ、水けをきった豆腐をつぶしながら加える。

3

鍋に、かにあんの水溶き片栗粉以外の材料をすべて入れ、強火で熱する。

4

沸騰したら弱火にし、水溶き片栗粉を少しずつ加え、そのつど混ぜる。とろみがついたら火から離す。

5

フライパンにごま油を入れ、強火にかける。煙が出たら**2**を流し入れ、混ぜながら焼く。

6

<mark>半分くらいかたまったら弱火にし</mark>、丸く形を整え、ふたをする。そのまま3分ほど焼く。

7

返して再度ふたをし、<mark>3分ほど弱火のまま焼く</mark>。皿に盛る。

8

4を温め直し、残りのかにかまをほぐしながら加える。沸騰してきたら火を止め、**7**にかける。青ねぎを散らす。

73

残り物でもOK！豚肉と焼き豆腐のふわふわ卵とじ

残った肉や魚と卵、豆腐があればフライパンひとつで完成。
肉は鶏肉でも牛肉でも。魚肉ソーセージやウインナー、
白身の魚やツナ缶でもおいしい！ アレンジは無限ですよ。

材料（1人分）

- 小松菜…1株
- 焼き豆腐…1/3丁（約100g）
- 卵…2個
- 豚ももこま切れ肉…80g
- 粉山椒…適量

■卵とじだし汁
- だし汁…180㎖
  （または水180㎖＋かつおだしの素小さじ2/3）
- みりん、濃口醤油…大さじ2
- 砂糖…小さじ1

1

小松菜は根元を切り落とし、流水で洗って長さ3.5㎝に切る。

2

焼き豆腐は10〜12等分する。

3

卵は溶きほぐしておく。

4

フライパンに卵とじだしの材料をすべて入れて中火にかける。沸騰したら**2**を加える。

5

1分ほど煮たら豚肉（大きければちぎる）と**1**を加え、菜箸で煮汁に押し込む。

6

さらに2分ほど煮る。豚肉に火が通ったら、溶いた卵を流し入れる。表面に卵の膜を張るようなイメージで全体にまんべんなく注ぐ。

7

卵が2/3ほどかたまったら出来上がり。好みで粉山椒をふる。

ガッツリ！にら玉もやし炒めのしょうがあんかけ

ご存知のとおり、卵とにらの相性は抜群です。具だくさんに作り、しかもしょうがのあんをかけて、体もポカポカ。
立派な主役のおかずにもなり、八宝菜みたいでごはんにぴったり。

材料（1人分）

にら…1/2束
豚バラ薄切り肉…50g
卵…3個
ごま油…大さじ1
豆もやし…100g

■しょうがあん
だし汁…150㎖
（または水150㎖＋かつおだしの素少々）
みりん、薄口醬油…各大さじ2
砂糖…1つまみ
おろししょうが…小さじ1
水溶き片栗粉
　…片栗粉小さじ2＋水小さじ2

1

にらは幅2cmに切る。2～3束に分けてから切ると楽。

2

豚肉は3～4等分に切る。

3
しょうがあんを作る。鍋にだし汁と調味料を入れ、中火にかける。おろししょうがも溶き混ぜる。

4
ぐるぐる混ぜながら水溶き片栗粉を少しずつ加える。火を止める。

5
卵は白身が見えなくなるくらいまで溶く。フライパンを強火で熱し、ごま油小さじ1を全体にゆき渡らせる。1分ほど加熱したら、卵液を流し入れ、中火にして木べらで混ぜながら焼く。全体がまとまったら、ボウルに戻す。

6
フライパンにごま油小さじ2を流し入れて再び強火にかけ、30秒ほど熱したら豚肉をはがして入れ、炒める。

7
豚肉が白くなったら豆もやしを加えて1分ほど炒め、さらににらも加えて炒め合わせる。

8
豆もやしがやわらかくなったら5を加えてざっくり混ぜ、皿に盛る。温め直した4をまわりにかける。

野菜たっぷり！とろとろ卵のとん平焼き

関西ではポピュラーな鉄板料理"とん平焼き"。無性に食べたいとき、僕は6分で作っちゃいます。巻いたりもせず、これだけで野菜も肉も卵も食べられる大満足のひと品です。

材料（1人分）

豚バラ薄切り肉…150g
たまねぎ…1/2個
キャベツ…1/6個
にんじん…20g
もやし…1/2袋
サラダ油…40㎖
（またはオリーブオイル、ごま油）
水…50㎖
卵…3個
お好み焼きソース、マヨネーズ、青ねぎの小口切り、かつおぶし…各適量

1

豚肉は幅8㎝に切る。たまねぎは皮をむき、繊維に沿って幅5㎜の薄切りにする。キャベツは葉を4㎝角に切り、芯は刻む。にんじんは薄い輪切りにし、端から細く刻む。もやしはさっと洗ってざるに上げる。

2

フライパンを強火で熱し、サラダ油小さじ1をなじませ、豚肉を炒める。全体が白くなったら皿などに取り出す。

3

フライパンに再度サラダ油小さじ1をなじませ、たまねぎとにんじんを炒める。

4

にんじんが少しやわらかくなったらキャベツの葉と芯、==分量の水を加え、強火のまま炒める。==もやしを加えてさらに炒める。

5

もやしがやわらかくなったら**2**を戻し入れてざっと炒め合わせ、鉄板や皿に盛る。

6

フライパンをいったん洗い、再度強火にかける。サラダ油大さじ2を流し入れ、煙が出たら、溶いた卵を流し入れる。==木べらなどで素早く混ぜながらかためていく。==

7

表面は半熟の状態で、その状態が崩れないように**5**の上にのせる。

8

お好み焼きソース、マヨネーズを順にかける。青ねぎとかつおぶしを散らす。

お手軽！えびとせりのだし汁卵とじ

修業時代、1日に15～16個は注文が入り、食べ残しを一度も見たことがないのが卵とじです。ちりめんじゃこと三つ葉、ささみとほうれん草など、なんでもおいしくできます。

材料（1人分）

せり…1/4束
卵…2個
むきえび（小さめのもの）…40g

■卵とじだし
だし汁…50㎖
（または水50㎖＋かつおだしの素小さじ2/3）
みりん…小さじ2
薄口醤油…小さじ1

1

せりは根元を切り落とし、流水で洗って水けをきる。包丁かキッチンばさみで幅2㎝に切る。

2

卵をボウルに割り入れ、白身が見えなくなる程度に溶き混ぜる。

3

鍋にだしの材料をすべて入れ、強めの中火にかける。沸騰したらむきえびと**1**を加える。

4

せりがしんなりしたら、**2**を流し入れる。

5

弱火にし、木べらや耐熱ゴムべらなどで素早く混ぜる。鍋底をこそげるように混ぜ、スクランブルエッグ状にかためていく。

6

こんもりと高さを出して器に盛る。

即席蒸し器で一丁豆腐のオクラ鶏そぼろあんかけ

今は一年中"冷え"が敵です。豆腐を大きいまま蒸して、さらに熱々のあんをかけ、体の芯からあったまりましょう。ネバネバのオクラはたんぱく質の消化を促すんですよ！

材料（1人分）

木綿豆腐…1丁（約300g）
オクラ…大2本
酒…大さじ1
鶏もも挽き肉…50g
だし汁…80mℓ（または水80mℓ＋かつおだしの素小さじ2/3）
みりん、薄口醤油…小さじ2
おろししょうが…小さじ1
水溶き片栗粉
…片栗粉小さじ2＋水小さじ2
刻みのり…適量

ふたつきの鍋に小皿を2枚重ね入れ、水を1cmほど注ぎ入れ、沸騰させる。豆腐を半分に切って皿にのせ、さらに小皿の上にのせる。中火で8〜10分蒸す。

あんを作る。オクラのへたを切り落とし、厚さ3mmほどの小口切りにする。

3

鍋に酒を入れて中火にかける。挽き肉を加えて炒めるが、底にくっつきやすいので菜箸でこそげるように混ぜる。少し塊が残るくらいがおいしい。

4

挽き肉が白くなったらだし汁、みりん、薄口醬油を注ぎ、強火にする。

5

沸騰したら**2**を加え、あくが出たら除く。おろししょうがも加えて混ぜる。

6

オクラに火が通ったら弱火にし、ぐるぐる混ぜながら水溶き片栗粉を少しずつ加える。とろみがついたらさらに20秒ほど混ぜ、火を止める。

7

1の豆腐をフライ返しなどでそっと器に盛る。斜めにずらして2切れを並べる。

8

6をかけ、刻みのりをのせる。

揚げたて！生揚げ

生揚げは、厚揚げのこと。油揚げは中がほぼ空洞ですが、
生揚げは中が豆腐の状態だから、こう呼ぶそうです。
どんな揚げ物もカラリと揚がる"秘密の粉"もご紹介します！

材料（1人分）

- 木綿豆腐…2/3丁（約200g）
- 上新粉…適量
- サラダ油…約500㎖
- 青ねぎの小口切り…適量
- おろししょうが…少々
- かつおぶし…1/2つかみ
- 濃口醤油…適量

1
豆腐は半分に切り、キッチンペーパーで押さえ、水けを取る。

2
ボウルに上新粉を入れ、**1**の表面にまんべんなくまぶす。余分な粉ははたく。

3
サラダ油を鍋に入れ（豆腐にかぶるくらいの深さがあればOK）、中火にかける。余裕があればすぐに揚げられるよう、**1**の前に温めておいてもいい。

4
豆腐のかけらを油に落とし、==すぐ浮いてくるくらいの温度になったら適温==。**2**をそっと入れ、弱めの中火で揚げる。

5
両面を1分30秒ほどずつ揚げる。底について焦げそうなら、==菜箸で豆腐を動かす==。

6
カラッと揚がったらキッチンペーパーにとって油をきる。

7
まな板にのせ、3等分にする。くずれないよう、==包丁を前後に動かしながらそっと切る==。

8
器に盛り、青ねぎとおろししょうがを添え、かつおぶしをのせる。濃口醬油をつけながらいただく。

85

熱々！豆腐の焼きねぎしょうがだれ

1日の終わり。私は帰りに激安の豆腐を買っては、これを作ってビールを飲みます。だいたい8分ほどででき、何度食べても飽きません。しかも、豆腐と野菜だけなのでヘルシー！

（1人分）

絹ごし豆腐…1/2丁（約150g）
白煎りごま…少々

■焼きねぎしょうがだれ
青ねぎ…3本
おろししょうが…小さじ1/2
濃口醤油…大さじ1
酒、みりん…各大さじ1/2
ごま油…小さじ1/2

1

豆腐を小皿にのせてラップで覆い、少し開け、600Wの電子レンジで1分30秒〜2分加熱する。

2

たれを作る。青ねぎは根元を切り落とし、流水でさっと洗う。水けをきって長さ4cmに切る。

3

小さめのボウルにおろししょうが、濃口醬油、酒、みりんを加えて混ぜる。

4

フライパンを強火で熱し、ごま油をなじませ、30秒ほど熱する。青ねぎを入れ、フライパンをゆすりながら炒める。

5

==青ねぎの白い部分がやわらかくなってきたら**3**を加える。==

6

器に**1**を盛り、**5**をかける。

7

ごまをちらして完成。

あっさりヘルシー！ほうれん草と豆腐のツナマヨ和風グラタン

どこが"ヘルシー"なんだ！と、お叱りを受けるかもしれません。
こちらはヘルシーの代名詞・豆腐をこってり仕上げ、
食べごたえはそのままにヘルシーな工夫をしてみました。

材料（1人分）

- ほうれん草…1/2束
- しめじ…1/4パック（約40g）
- 木綿豆腐…1/3丁（約100g）
- オリーブオイル…小さじ2
- だし汁…40㎖
  （または水40㎖＋かつおだしの素少々）
- ホワイトソース…1/2缶（約150g）
- ツナ缶…20g（ノンオイル、減塩タイプ）
- ピザチーズ…20g
- マヨネーズ…適量（カロリー低めのもの）

1

ほうれん草は根元を落とし、輪ゴムでとめてよく洗う。たっぷりの湯を沸かして茎からゆで、色が濃くなったら水にとって冷まし、しぼる。幅4㎝に切る。

2

しめじは根元を切ってほぐし、ざるに入れ、同じ湯でさっとゆでる。水にとって冷まし、水けをきる。

郵便はがき

150-8482

東京都渋谷区恵比寿4-4-9
えびす大黒ビル
ワニブックス 書籍編集部

お手数ですが切手をお貼りください

───── お買い求めいただいた本のタイトル ─────

本書をお買い上げいただきまして、誠にありがとうございます。
本アンケートにお答えいただけたら幸いです。
ご返信いただいた方の中から、
抽選で毎月5名様に図書カード(1000円分)をプレゼントします。

ご住所　〒
TEL(　　-　　-　　)

(ふりがな) お名前

ご職業	年齢　　歳
	性別　男・女

いただいたご感想を、新聞広告などに匿名で
使用してもよろしいですか？　（はい・いいえ）

※ご記入いただいた「個人情報」は、許可なく他の目的で使用することはありません。
※いただいたご感想は、一部内容を改変させていただく可能性があります。

●この本をどこでお知りになりましたか?(複数回答可)
1. 書店で実物を見て　　　　　2. 知人にすすめられて
3. テレビで観た(番組名:　　　　　　　　　　　　　)
4. ラジオで聴いた(番組名:　　　　　　　　　　　　)
5. 新聞・雑誌の書評や記事(紙・誌名:　　　　　　　)
6. インターネットで(具体的に:　　　　　　　　　　)
7. 新聞広告(　　　　　新聞)　8. その他(　　　　　)

●購入された動機は何ですか?(複数回答可)
1. タイトルにひかれた　　　　2. テーマに興味をもった
3. 装丁・デザインにひかれた　4. 広告や書評にひかれた
5. その他(　　　　　　　　　　　　　　　　　　　　)

●この本で特に良かったページはありますか?

●最近気になる人や話題はありますか?

●この本についてのご意見・ご感想をお書きください。

以上となります。ご協力ありがとうございました。

3

豆腐は5〜6等分に切る。ざるに入れ、同じ湯で2分ほどゆでる。

4

フライパンを強火で熱し、オリーブオイルをなじませ、水けをきった**3**を焼く。両面に焼き色がついたら、グラタン皿などの耐熱容器に並べ入れる。

5

同じフライパンで**1**と**2**を1分ほど炒める。だし汁とホワイトソースを加え、混ぜながら2分ほど中火で煮る。

6

4に**5**をかけ、ツナをのせる。両脇にピザチーズを散らし、マヨネーズをかける。

7

オーブントースターかグリルで、チーズが溶けてこんがりと色づくまで焼く。

第5章

切り身と刺し身の魚料理

魚料理はハードルが高い？　そんなことはない！
スーパーで買える切り身や特売の刺し身を使って
パパッとひと品。ステーキでボリューム感を楽しん
だり、刺し身サラダでさっぱりいただいても。

銀鮭のハニーマスタードタルタル

じんわり甘辛!

ポピュラーな銀鮭に自家製のタルタルソースをたっぷり。
マヨネーズに粒マスタードの辛味とはちみつの甘さを加え、
大人の味のタルタルができました。いろんな料理に活用を!

材料（2人分）

銀鮭の切り身…2切れ
塩、粗挽き黒こしょう…各少々
上新粉…適量
オリーブオイル…小さじ2
つけ合わせのサラダ…適量
青ねぎ…あれば2本

■ハニーマスタードタルタル
（作りやすい分量）
たまねぎ…小1/2個
塩…小さじ1/2
マヨネーズ…50g
粒マスタード…20g
はちみつ…大さじ1
酢…小さじ1
大葉…2枚

1

銀鮭の切り身に塩、こしょうをふる。

2

タルタルを作る。たまねぎはみじん切りにする。塩小さじ1/2を加えて混ぜ、5〜6分おく。キッチンペーパーやさらしで包み、よく水けをしぼる。

3

ボウルにマヨネーズ、粒マスタード、はちみつ、酢を入れ、泡立て器などでよく混ぜる。**2**とみじん切りにした大葉を加えて混ぜる。<mark>冷蔵庫で冷やしておく。</mark>

4

バットなどに上新粉を入れ、**1**を入れてまぶす。余分な粉ははたく。

5

フライパンを強火で30秒ほど熱し、オリーブオイルをなじませ、<mark>弱めの中火</mark>にする。<mark>皮目を下にして**4**を入れ、</mark>1分〜1分30秒焼く。

6

皮をカリッとさせるため、フライパンの横面に立てかけ、<mark>皮が底に当たるようにする。</mark>

7

同じようにもう1面も焼く。

8

平皿の奥側にサラダを盛り、手前に**7**を盛る。**3**をたっぷりかけ、あれば青ねぎの葉先15cmを添える（口直しになる）。

作りおきできる！彩り野菜の鮭南蛮漬け

時間がないときには、作りおきがあるとうれしいですよね。
でも、簡単料理や市販品で済ませると栄養が偏ります。そこで栄養もとれて作りおきできる、おいしい南蛮漬けをご紹介。

材料（約7食分）

- たまねぎ…1と1/2個
- ピーマン…小3個
- にんじん…小1/2本（約50g）
- 鮭の切り身（甘塩）…6〜7切れ（500〜600g）
- 片栗粉（または上新粉）…適量
- オリーブオイル（またはサラダ油）…500㎖
- 一味唐辛子…少々

■南蛮酢
- だし汁…540㎖（または水540㎖＋かつおだしの素小さじ1と2/3）
- 酢…360㎖
- 薄口醤油…90㎖
- 砂糖…80g

1

たまねぎは繊維に沿ってできるだけ薄く切る。ピーマンはへたと種を除いて縦にできるだけ細く切る。にんじんも細いせん切りにする。合わせてざるに入れ、水にさらし、3回すすぐ。

2

鮭は身の厚いところにある骨を指で抜く。

3
1切れを3等分する。身が厚いところは幅を小さく、薄いところは大きくし、体積を均等にする。水分をキッチンペーパーで拭く。

4
ボウルに**3**と片栗粉を入れ、手で全体にまぶす。

5
フライパンにオリーブオイルを入れ、中火にかける。**4**を1切れ入れ、細かい泡が勢いよく出たらOK。<mark>くっつかないように隙間をあけてすべて入れる。</mark>

6
菜箸で返しながら3〜4分揚げる。<mark>くっつくときは箸でトントン叩くとはがれる。</mark>揚がったらキッチンペーパーにとる。

7
<mark>粗熱が取れたらボウルや耐熱容器に入れる。水けをきった**1**をのせ、</mark>一味唐辛子をふる。

8
鍋に南蛮酢の材料をすべて入れ、中火にかける。沸騰したらすぐに**7**に注ぐ（全体に回しかける）。完全に冷めたら冷蔵庫で寝かせる。

9
ひと晩おいたら出来上がり。皿に3〜4切れ盛り、野菜をのせ、漬け酢もかける。

もっとも簡単！ かれいのあっさり煮つけ

魚の煮つけは、修業先のお昼の定食でいつも出していました。
本格的なように見えて、10分もあればできる簡単メニューです。
一度冷まして温め直すと味がしみ込んでますますおいしい！

材料（1人分）

かれいの切り身…1切れ
（または鯛やさわらなど、白身魚の切り身）
厚揚げ…1/2丁
しょうがの薄切り…5枚
（またはおろししょうが…小さじ1）
青ねぎの小口切り…適量

■煮汁
酒…120ml
水…90ml
みりん…大さじ2
薄口醤油…小さじ5
濃口醤油…小さじ1
砂糖…大さじ2

1
かれいは洗ってウロコなど汚れを取り、水けをきっておく。

2
しょうがは薄い輪切りに、厚揚げは2等分に切る。

3

フライパンに煮汁の材料をすべて合わせて強火にかける。

4

3が沸騰したら1をそっと入れ、2も入れる。

5

あくが出たら除く。

6

アルミ箔などで落としぶたをして、噴きこぼれない程度に火を弱める(細かい泡が少し出るくらいの中火)。

7

そのまま5〜6分ほど煮て、少し煮詰まったら出来上がり。

8

フライ返しなどでそっと皿に移し、厚揚げとしょうがも添える。煮汁をかけ、青ねぎを添える。

秘伝の"たれ"で 鯛の切り身 山椒照り焼き

この照り焼きのたれは万能。鶏肉はもちろん、いろんな肉や魚で試してみてください。ポイントは山椒の香り！
爽やかな刺激が"大人の照り焼き"を演出してくれます。

材料（1人分）

鯛の切り身…1切れ
（おすすめはカマ）

■極旨照り焼きだれ
みりん、酒…各大さじ1と小さじ1/2
濃口醤油…大さじ1
砂糖…大さじ1
粉山椒…思い切り2ふり

1

鯛は洗ってうろこや血合いなどを取り除く。

2

2〜3カ所に切り込みを入れる。

3

魚焼きグリルは網に油（分量外）を塗る。まず骨側を7分ほど焼く。

4

皮目は3分ほど焼く。

5

鯛を焼いている間にたれの材料をフライパンに入れ混ぜ、少し加熱してすぐ火を止めておく。

6

4が焼けたら5に入れて再度強火にかける。沸騰したら中火にして、鯛にたれをかけながら煮詰める。

7

たれがとろりとなるまで煮詰まったら出来上がり。皿に盛り、たれをすべてかけ、粉山椒をふって完成。

簡単グリル！アスパラと鯛の旨醤油あんかけ

切って、焼いて、あんをかけるだけ。焼いた香ばしさと甘辛いあんが、新しいおいしさを生み出します。
魚や肉、旬の野菜を組み合わせてアレンジしてみても。

材料（1人分）

グリーンアスパラガス
（太いもの）…2本
しょうが…薄切り3枚
鯛の切り身…小2切れ
塩…少々

■旨醤油あん
だし汁…100㎖
（水100㎖＋かつおだしの素2つまみ）
みりん、濃口醤油…各小さじ4
砂糖…小さじ2強
水溶き片栗粉
…水小さじ1＋片栗粉小さじ1

1

アスパラガスは下半分の皮をピーラーでむき、3等分に切る。

2

しょうがはできるだけ細く刻む。ざるに入れて流水ですすぐ。

3
鯛の切り身にそれぞれ2～3本の切り込みを入れる。

4
<mark>塩をふって10分ほどおき、臭みを取る。</mark>

5
魚焼きグリルは網に油を塗り（分量外）、まず身側を焼く。アルミホイルにのせたアスパラガスも一緒に5分ほど焼く。

6
旨醤油あんを作る。鍋に、水溶き片栗粉以外の材料を入れ中火にかける。

7
沸騰したら、<mark>絶えず混ぜながら水溶き片栗粉を少しずつ加えて</mark>とろみをつける。弱火にし、1分ほど煮る。

8
焼き色を見ながら鯛とアスパラガスを返し、逆の面も3分ほど焼く。

9
皿に**8**を盛り、温め直した**7**をかける。**2**を添える。

あっさり簡単！塩さばの旨塩煮

私も大好物の「塩さば」。しかし、焼く以外の調理法を思いつかない！ そこで考えたのがこちら。塩さばの"塩"を活かし、昆布の旨味でコトコト煮る、日本酒に合うひと品です。

材料（3人分）

- 塩さばの切り身…3切れ（おすすめはノルウェー産）
- 木綿豆腐…1/3丁（約100g）
- 青ねぎ…3本

■ 塩だし煮汁
- 水…500㎖
- 塩…2つまみ
- みりん、薄口醬油、酒…各小さじ2
- 昆布…大きめ1枚

1

塩さばは十字の切り目を数カ所、深めに入れる。

2

霜降り（湯通し）をする。ボウルに入れ、70℃以上の湯をかける。表面が縮まり、少し白くなったら冷水をかけ、手早く冷ます。

3  鍋に塩だし煮汁の材料をすべて入れて強火にかける。昆布は折って入れる。

4  沸騰してきたら、塩が溶けたのを確認し、よく水けをきった**2**を、==皮目を上にして入れる==。

5  再度沸騰したら中火にし、4分煮る。

6  豆腐は3等分に切る。青ねぎは根元を落とし、流水ですすぐ。==鍋の直径くらいの長さに切る==。

7  **5**の鍋に豆腐を加え、1分ほど煮る。

8  さらに青ねぎを加え、煮汁をかけながら煮る。青ねぎがやわらかくなったら出来上がり。

9  やや深さのある器に**8**のさばをそっと盛り、豆腐を添え、青ねぎをのせる。煮汁をかける。

ジューシー！ぶりときのこのバター醬油ステーキ

魚は熱の入れ具合が難しいと思っている人も多いものです。このメニューは、少々火を通しすぎてもおいしく食べられるレスキューメニュー。鯛や鮭、たらなど白身魚でもどうぞ。

材料（1人分）

- ぶりの切り身…1切れ
  （ぶり用塩…2つまみ）
- たまねぎ…1/4個
- しめじ…1/8パック
- オリーブオイル…小さじ2
- 塩、粗挽き黒こしょう…各少々
- 白ワイン（または酒）…小さじ2
- バター…10g+10g
- 濃口醬油…小さじ1
- 青ねぎの小口切り…適量
- マヨネーズ…適量

1

ぶりに塩をふり、15分ほどおく。

2

たまねぎは繊維に沿って幅5㎜の薄切りにする。

3
しめじは根元を落とし、ほぐす。大きければ半分に裂く。

4
フライパンを強火で熱し、オリーブオイルを入れて30～40秒熱する。皮目を下にして**1**を入れ、<mark>焼き色がついたら弱火にして</mark>2～3分焼く。

5
返して逆の面も同様に焼く。<mark>少し端に寄せ</mark>、**2**と**3**を入れて塩、黒こしょうをふり、炒める。

6
たまねぎがしんなりしてきたら、白ワインを散らすように加える。

7
さらにやわらかくなったらバター10gを加える。

8
濃口醤油を加えて絡める。

9
皿に**8**のぶりを盛り、たまねぎとしめじを添える。仕上げ用バター10gをのせ、青ねぎを散らし、マヨネーズをかける。

フライパンでできる かつおのたたき

本来手間がかかるかつおのたたき。本来は串にさし、
炎で焼きますが、このレシピではフライパンで。
皮が熱いままたっぷりの香味野菜とどうぞ。

材料（作りやすい分量）

たまねぎ…1/4個
赤たまねぎ…1/6個
大葉…2枚
にんにく…1片
ごま油…小さじ2

かつおのさく（刺身用）
…1本（1/4尾分）
青ねぎの小口切り…適量
ポン酢…適量

1

たまねぎと赤たまねぎは繊維に沿ってできるだけ薄く切る。2回すすいで水けをきる。辛味が苦手なら5分ほど流水にさらす。

2

大葉は半分に切って重ね、できるだけ細く刻む。

3
にんにくは厚さ2mmほどにスライスする。

4
キッチンペーパーを敷いた皿を用意しておく。フライパンに**3**とごま油を入れ、強火にかける。

5
にんにくが薄く色づいたら火を弱め、かつおを皮目から入れる。強火に戻し、30〜40秒焼く。

6
焼き色がついたら返し、同様に焼き色をつける。

7
両面焼き色がついたらキッチンペーパーにとり、油分を吸い取る。

8
まな板にのせ、幅8mmくらいに切る。手前に引きながら切るといい。

9
皿に、水けをきった**1**を敷き詰め、**8**を2列に並べる。にんにく、青ねぎを散らし、**2**をのせる。ポン酢をかけるか、つけながらいただく。

しゃきしゃきとろろの まぐろ山かけ

野菜たっぷり、サラダ仕立ての"まぐろの山かけ"です。
さっぱりしているのに、食べごたえのあるおかずにもなります。
山いもは粗く刻んで食感を残すのがポイントです。

材料（1人分）
サニーレタス…3枚
山いも…100g
まぐろ（刺身用ブロック）…80g
温泉卵…1個
青ねぎの小口切り、刻みのり…各適量
刺し身醬油（または和風ドレッシング）…適量

1

サニーレタスは幅5cmにちぎる。水ですすぎ、冷蔵庫に入れてシャキッとさせる。

2

山いもは皮をむき、半分はすりおろす。

3

残りの山いもは<mark>包丁でたたいて粗みじん切りにする</mark>。

4

2と**3**をボウルに入れて混ぜる。

5

まぐろは2cm角に切る。

6

深めの皿に**1**を入れ、真ん中をあけるようにして**5**を盛る。

7

あけたところに**4**を入れ、温泉卵をのせる。青ねぎとのりをのせる。刺し身醤油をつけるか、和風ドレッシングをかけていただく。

鯛のカルパッチョ風サラダ
にんじんドレッシング

日本では刺し身を使った料理として定着したカルパッチョ。
ヘルシーな酵素たっぷりのにんじんドレッシングでどうぞ！
まぐろやぶり、いかや貝類などの刺し身で作っても。

材料（1～2人分）

- 貝割れ菜…1/5パック
- たまねぎ…1/6個
- 赤パプリカ…1/6個
- サニーレタス…大2枚
- レタス…大2枚
- 鯛刺し身の薄切り…6～7切れ
- マヨネーズ…少々
- クラッカー…適量

■にんじんドレッシング
- にんじん…50g
- オリーブオイル…大さじ4
- 酢…大さじ1
- 塩…2つまみ

1

貝割れ菜は根を落とし、2等分する。

2

たまねぎは繊維に沿って薄切り、パプリカは種を除き、たまねぎの長さと合わせた細切りにする。

3

2をざるに入れ、流水で2〜3回すすぎ、<mark>水けをきる</mark>。

4

レタスは3.5cm角にちぎってボウルに入れ、3を加える。<mark>冷蔵庫に入れてシャキッとさせる</mark>。

5

ドレッシングを作る。にんじんは皮をむいてすりおろす。

6

ボウルにオリーブオイル、酢、塩を入れ、泡立て器でよく混ぜる。5も加えてよく混ぜる。

7

平皿に4を広げるように盛る。

8

<mark>鯛を丸く並べ</mark>、6とマヨネーズを順にかける。

9

中央に1をこんもりと盛り、つぶしたクラッカーを散らす。

第6章 汁物とひとり鍋

日本人ならお味噌汁をはじめ、汁物を飲めばホッとします。バリエーションを覚えて、毎日いただきたいものです。また、小鍋料理は実は簡単、おいしいひとりごはんの強い味方！

おかずに匹敵！野菜どっさり豚汁

私がブログでレシピを公開し始めたきっかけは"味噌汁"。
簡単に済ませてしまいがちなひとり暮らしでも味噌汁を
飲んでほしい！ 冷蔵庫に余った野菜をどっさり入れましょう。

材料（1人分）

ごぼう…小1/2本
大根…3cm
にんじん…1/5本（約40g）
キャベツ…1/10個
たまねぎ…1/5個
かぼちゃ…1/20個
さつまいも…1/5本
豚肉（部位は問わない）…50g

水…600ml
合わせ味噌…大さじ1と1/2〜2
かつおだしの素…2つまみ
（味が足りない場合）
青ねぎの小口切り…適量

1

ごぼうは流水で洗い、転がしながらピーラーで薄く削ぎ、ささがきにする。流水ですすぎ、にごりが出なくなればOK。大根とにんじんは皮をむき、2cm大の乱切りにする。

2

鍋に分量の水と**1**を入れ、<mark>水からゆでる。</mark>

3

キャベツは4cm角、たまねぎは繊維に沿って厚さ5mmに切る。かぼちゃは2.5cm角に切り、さつまいもは幅5mmの半月切りにする。豚肉は幅4cmに切る。

4

2のにんじんがやわらかくなったら、たまねぎ、かぼちゃ、さつまいもを加え、さらに2分ほどゆでる。

5

かぼちゃがやわらかくなったらキャベツを入れ、1分ほどゆでる。弱火にし、味噌を溶く。味を見て薄ければかつおだしの素を加える。

6

豚肉を加え、全体が白くなったらざっくり混ぜて火を止める。あくが出たら除く。

7

お椀に盛り、青ねぎを散らす。

ホッとする味 鮭とさといもの白味噌汁

白味噌で作る味噌汁は、特に寒い日に飲むと「あ〜」と声がもれるほど、ホッとします。しかも、合わせ味噌や赤味噌に比べて塩分が控えめなのもうれしい、大人のおいしさです。

材料（1人分）

さといも…小4〜5個（約100g）
鮭の切り身（薄塩、ハラスでも）…1切れ
だし汁…500㎖
（または水500㎖＋かつおだしの素小さじ2/3）

白味噌…大さじ1と1/2〜2
青ねぎの小口切り…適量
七味唐辛子…少々

1

さといもはピーラーで皮をむき、水でよく洗う。2〜3等分の乱切りにする。切ったらすぐ水に入れる。

2

鮭はうろこが残っていれば包丁で除き、水で流す。3㎝角に切る。

3
熱湯に入れ、表面が白くなったらざるに上げて冷ます（湯通し）。

4
鍋に分量のだし汁、よくすすいだ **1** を入れて強火にかける。沸騰したら中火でゆでる。

5
さといもに爪楊枝がすーっと通るようになったら、**3** を加える。あくが出たら取り除く。

6
再度沸騰したら弱火にし、白味噌を溶き入れる。

7
お椀に盛り、青ねぎと七味唐辛子をふる。

食べれば元気になる あさりとごぼうの赤だし

あさりは栄養価の高い食材です。が、調理するとその栄養は汁に流れ出します。つまり、味噌汁などの汁物で食べると効率がいい！ 基本の砂抜きもマスターしましょう。

材料（1人分）

あさり…400g
ごぼう…2/3本
油揚げ…1/4枚
水…500㎖

かつおだしの素…小さじ2/3〜1
赤味噌…大さじ1と1/2〜2
青ねぎの小口切り…適量

1

あさりの砂抜きをする。ボウルに水1ℓと塩30g（ともに分量外）を混ぜる。あさりを入れ、皿などで覆って1時間ほどおく。真水で3〜4回すすぐ。または45〜50℃の湯に15〜20分、温度を保ちながら浸す。

2

ごぼうは流水で洗い、転がしながらピーラーで薄く削ぎ、ささがきにする。流水ですすぎ、にごりが出なくなればOK。

油揚げは1cm角に切る。ざるに入れ、熱湯をかけて油抜きする。

鍋に水けをきった**1**と分量の水を入れて強火にかけ、あくが出たら除く。沸騰したら中火にし、殻が開いたあさりを順次ボウルなどに取り出す。

最後まで開かないあさりはこじ開け、すべてボウルに取り出す。残った鍋の湯（あさりだし）に**2**を加える。

ごぼうがやわらかくなったら、あさりのボウルにたまった汁と水（分量外）を合計100mlにして加える。

中火のままかつおだしの素を加え、赤味噌を溶く。

取り出しておいたあさりと**3**を入れる。強火にして沸騰寸前に火を止める。

お椀にあさりを盛り、味噌汁を注ぐ。青ねぎをふる。

ごま風味 牛肉とごぼうのおかず味噌汁

味噌汁は、3種類の具材を入れれば健康維持に役立つという説があります。そこでいろんな味噌汁を考案。なかでもがっつり食べごたえがあり、コク満タンの味噌汁ができました。

材料（1人分）

ごぼう…1/3本
たまねぎ…1/2個
ごま油…大さじ1
牛バラ切り落とし肉…100g
水…500㎖

かつおだしの素
…小さじ2/3〜1
合わせ味噌
…大さじ1と1/2〜2
みりん…小さじ1
青ねぎの小口切り…適量

1

ごぼうは流水で洗い、転がしながらピーラーで薄く削ぎ、ささがきにする。

2

流水ですすぎ、にごりが出なくなればOK。

3
たまねぎは芯を切り落とし、繊維に垂直に、厚さ3mmに切る。

4
鍋にごま油を入れ、強火で熱する。30秒ほどしたら弱火にし、牛肉を入れる。混ぜながら炒める。

5
牛肉の色がかわったら、**1**と**3**を入れ、さらに炒める。

6
ごぼうがしんなりしたら分量の水を注ぐ。あくが出たら除く。

7
かつおだしの素を加え、味噌を溶き入れる。

8
みりんを加えてざっと混ぜ、強火にして沸騰直前で火を止める。

9
お椀に盛り、青ねぎを散らす。

味噌汁仕立ての 臭みなし！船場汁

大阪の問屋街、船場の商人たちが、貴重なさばを
"頭も骨も無駄なく食べる"精神で作ったのが船場汁です。
ここでは気軽に手に入る塩さばで、味噌汁にしてみました。

材料（1人分）

しょうが…1/3片
さばの切り身（ノルウェー産）…80g
大根…3cm
にんじん…1/6本
水…600ml
かつおだしの素…小さじ2/3
合わせ味噌…大さじ1と1/2～2
青ねぎの小口切り…適量

1

しょうがは皮をむいて細いせん切りにし、水にササッとさらす。

2

さばは、1.5cm幅に切る。

3

大根は3mm幅のいちょう切りに、にんじんは厚さ3mmの半月切りにする。

4

鍋に分量の水と**3**を入れて火にかけ、沸騰したら中火にしてゆでる。

5

野菜がやわらかくなったら、**2**のさばを加える。

6

さばに火が通ったら、弱火にしてかつおだしの素を加え、味噌を溶き入れる。再度強火にし、沸騰寸前に火を止める。

7

お椀に盛り、青ねぎと**1**をのせる。

ぶりの粕汁

冬のごちそう ゴロゴロ

特に寒い季節にいただきたいのが粕汁です。白味噌とブレンドしたこのレシピは絶品。酒粕と根菜で体がポカポカになります。一度に大量に作ったほうがおいしいです。

材料（4〜5人分）

- ぶりのあら（カット済みのもの）…200〜300g
- 塩…小さじ2
- 大根…100g
- にんじん…1/4本
- さといも…小2〜3個（約50g）
- ごぼう…1/3本
- こんにゃく…40g
- 油揚げ…1枚
- だし昆布…4×5cm
- 水…1ℓ
- 酒…50㎖
- 酒粕…10g
- 白味噌…70g
- 塩…小さじ1弱
- みりん…大さじ1と1/2
- 薄口醤油…大さじ1
- 青ねぎの小口切り…適量
- 一味唐辛子…少々

1

ぶりのあらはボウルに入れ、塩小さじ2をふる。ボウルをゆすって全体にゆき渡らせ、20分ほどおく。

2

大根、にんじん、さといも、ごぼうはそれぞれ皮をむいて乱切りにする。こんにゃくも乱切りにし、水から1分ほどゆでてざるに上げ、自然に冷ます。油揚げは熱湯をかけてしぼり、縦半分に切り、幅6〜7㎜に切る。

3  1のボウルに熱湯をたっぷり注ぎ、ボウルを軽くゆすって、熱湯を全体にゆき渡らせる。すぐに流水で崩れないようにそっとすすぐ。指先でうろこを確認し、残っていれば洗い流す。

4  鍋に**3**、だし昆布、分量の水を入れて強火にかける。沸騰したら中火にし、あくを除く。あくが出なくなるまでしっかりとること。

5  酒、大根、にんじん、ごぼうを加えて20分ほど煮る。野菜が8割ほどやわらかくなったらさといもとこんにゃくを加えてさらに煮る。

6  さといもに爪楊枝がすーっと通るくらいやわらかくなったら、水200mℓ（分量外）を加える。再び沸騰したら弱火にし、酒粕を溶き入れる。

7  さらに白味噌を溶き入れる。塩小さじ1弱、みりん、薄口醤油を加え、具が崩れないようにそっと混ぜる。

8  油揚げを加えて混ぜ、5分ほど煮る。

9  お椀に盛り、青ねぎと一味唐辛子をふる。

たまねぎの甘味際立つ モロヘイヤと牛肉の和風スープ

私はいつも化学調味料無添加のかつおだしの素を使います。
手っ取り早くだしがとれ、風味がよく、塩分が控えめです。
味は薄めの無添加だしに野菜や牛肉の旨味をしみじみ感じて。

材料（2人分）

たまねぎ…1/2個
モロヘイヤ…1/3袋
牛バラ薄切り肉…60g
長ねぎの小口切り…適量

■スープ
　水…420㎖
　みりん…大さじ2
　薄口醤油…大さじ2
　かつおだしの素…小さじ1
　塩…1つまみ（調整用）

たまねぎは繊維に沿って幅5㎜の薄切りにする。

モロヘイヤは葉だけをちぎって使う。食感が気にならなければ茎もざく切りにして使ってもいい。流水ですすぎ、水けをきる。

3

鍋にスープの塩以外の材料を入れて強火にかけ、沸騰させる。

4

1を入れ再び沸騰したら中火にして3分ほど煮る。あくが出たら除く。味をみて、足りなければ調整用の塩を加える。

5

たまねぎがやわらかくなったら**2**を加え、混ぜる。

6

モロヘイヤを沈め、牛肉をひと口大にちぎりながら加える。

7

再び強火にし、あくが出れば除く。沸騰直前に火を止める（煮すぎると肉がかたくなる）。

8

器に盛り、長ねぎを散らす。

鶏すき焼き鍋 ゆずポンで絶品！

私が修業していた日本料理屋のおやっさんから伝授された
レシピの、最高においしいと思う鍋料理。鶏肉をすき焼きに？
しかもゆずポンで食べる!?　まずは作ってみてほしい自信作！

材料（1人分）

白菜…大きめの葉2枚
焼き豆腐…1/3丁（約100g）
しめじ…1/3パック
長ねぎ…斜め切り3切れ
せり…1/2束
鶏骨付きぶつ切り肉…300g
ゆず…1個
塩…1つまみ

■割り下
水…50㎖
酒…50㎖
濃口醤油…大さじ3
砂糖…大さじ4

1

一人用鍋に割り下の材料を入れ、泡立て器などでよく混ぜ、砂糖を溶かす。ごく弱火にかけ、じわじわ温める。

2

白菜は縦半分に切って重ね、芯は小さめに、葉は大きめの斜め切りにする。

3
焼き豆腐は2～3等分に切る。

4
しめじは根元を落としてほぐす。

5
長ねぎは斜めに切り、<mark>根元の部分には切り込みを入れ</mark>、熱が入りやすいようにする。

6
せりは根元を落とし、4等分に切る。

7
沸騰し始めたら白菜の芯を沈める。その上に鶏肉、**2**、**3**、**4**、**5**を入れる。噴きこぼれない程度の中火にして5～7分煮る。

8
<mark>ゆずは果汁をしぼる</mark>。器に入れ、塩を混ぜる。

9
7の<mark>鶏肉に火が通ったら</mark>、**6**を加え、ふたをして煮る。せりに火が通ったら火を止める。**8**をつけながらいただく。

ごまが香ばしい！
鶏もも肉と水菜の
ごま風味
味噌鍋

味噌鍋が好きで、試行錯誤を重ねていました。なかなかうまくいかないとき、先輩料理人が教えてくれた「みりん」の隠し味。ごま油を加え、香ばしさを増した完成レシピです。

材料（1人分）

にんじん…斜め薄切り3枚
白菜…大きめの葉1枚
水菜…1株
たまねぎ…小1/4個
しめじ…1/6株
厚揚げ…1/2丁
鶏もも肉…100g
（鮭、たら、さわらなどの魚でも）

■鍋だし
水…350㎖
合わせ味噌…大さじ3
みりん…大さじ2
薄口醬油、ごま油、
かつおだしの素…各小さじ1

1

小皿ににんじんと少量の水（分量外）を入れ、ラップをかけ、700Wの電子レンジで1分加熱し、やわらかくする。

2

白菜は5㎝角、水菜は5～6等分に切る。たまねぎは繊維に沿って幅5㎜に切ってほぐす。しめじは根元を落としてほぐす。厚揚げは2～3等分に切る。

3

鶏肉は5～6等分に切る。熱が通りやすいよう、==厚い部分には切り目を入れる==。

4

一人用鍋にだしの材料をすべて入れて泡立て器などで==よく混ぜる==。強火にかける。

5

==沸騰してきたら**1**==、鶏肉、たまねぎを入れ、中火にして煮る。

6

==鶏肉に火が通ってきたら==、白菜、しめじ、厚揚げを加えて煮る。

7

白菜がやわらかくなったら水菜を加え、1分ほど煮たら出来上がり。

究極の鍋だし！鶏ぶつ切り肉の旨塩だし汁鍋

あまりにもおいしい鍋だしができてしまいました。しかも、塩とみりんと薄口醤油だけで。野菜と鶏肉の旨味が溶け出し、最終的には飲み干したくなるようなスープが完成します。

材料（1人分）

骨付き鶏ももぶつ切り肉…200g
木綿豆腐…1/3丁（約100g）
白菜…大きめの葉1枚
しめじ…1/5パック
青ねぎ…6本
長ねぎ…1/3本
にんじん…輪切り2枚

■鍋だし
だし汁…450mℓ
（または水450mℓ＋かつおだしの素小さじ1と1/2）
塩…小さじ2/3
みりん、薄口醤油
…各大さじ1/2

1

鶏もも肉は、血や汚れをキッチンペーパーで拭き取っておく。

2

豆腐は5〜6等分、白菜は4cm角に切る。

3

しめじは根元を落としてほぐす。

4

青ねぎは長さ4㎝、長ねぎは幅1㎝の斜め切りにする。

5

一人用鍋にだしの材料をすべて入れて強火にかける。沸騰したら鶏肉とにんじんを入れ、再び沸騰したら中火にする。あくが出たら除き、1分ほど煮る。

6

2、**3**、**4**を加え、3〜4分煮る。

7

野菜が煮えたら出来上がり。最後にあくを取り除く。

ふわふわやわらか！豆腐肉団子のトマト鍋

肉団子って面倒くさそう。そんなイメージの方も多いかもしれません。でも、実はぐちゃぐちゃ混ぜてスプーンで入れれば簡単！ しかも、今回は豆腐入りのふわふわ版です。

材料（1人分）

- 白菜…葉2枚
- 長ねぎ…1/3本
- えのきだけ…1/3パック
- 豆苗…1/5パック

■豆腐肉団子
- 木綿豆腐…1/6丁（約50g）
- 卵…1個
- みりん、薄口醬油…各小さじ2
- おろししょうが…少々
- 片栗粉…大さじ1
- 合い挽き肉…60g
- 塩、こしょう…各少々

■鍋だし
- だし汁…180㎖
  （または水180㎖＋かつおだしの素小さじ1）
- みりん、薄口醬油…各大さじ2
- 塩…2つまみ
- トマトの水煮（缶詰）…200g

1

豆腐肉団子を作る。豆腐はキッチンペーパーで拭き、水けをきる。ボウルに入れ、木べらで粘りが出るまでつぶす。卵、みりん、薄口醬油、おろししょうが、片栗粉を加えてさらに混ぜる。

2
別のボウルに合い挽き肉、塩、こしょうを入れ、手で練り混ぜる。挽き肉に粘りが出てきたら、**1**を2〜3回に分けて加え、そのつどよく練る。

3
一人用鍋にだし汁、みりん、薄口醬油、塩を入れて混ぜる。さらにトマトの水煮を加え、中火にかける。トマトはスプーンなどで塊を軽くつぶす。

4
2を水でぬらしたスプーンを使い、団子状にすくって**3**に入れる。沸騰してきたら弱火にし、あくが出たら除く。肉団子が鍋底につかないよう時々動かす。

5
白菜は縦半分に切って重ね、芯は小さめに、葉は大きめの斜め切りにする。

6
長ねぎは根元を落とし、幅1cmの斜め切りにする。えのきだけと豆苗は根元を落としてほぐす。

7
団子を手前に寄せ、奥に**5**、長ねぎ、えのきだけを入れ、やわらかくなるまで煮る。

8
最後に豆苗を加え、さっと煮たら出来上がり。

自宅で味わえる 京都の湯豆腐

湯豆腐で有名な京都の南禅寺にはたくさんの湯豆腐屋が軒を連ねています。1時間近く並んで食べた湯豆腐は旨かった。けれど少々高い？ ならば自宅で！ と作ったレシピです。

材料（1人分）

木綿豆腐…1丁（約300g）
水…360㎖
だし昆布…約4×4㎝
春菊…2株
青ねぎの小口切り、
おろししょうが、
刻みのり…各適量

■つけだし
水…大さじ3
みりん、濃口醬油…各大さじ1
かつおぶし…適量

1

つけだしを作る。鍋に水、みりん、濃口醬油を入れて強火にかける。沸騰したらかつおぶしを加え、==すぐに火を止める==。

2

木綿豆腐は6等分に切る。

3

一人用鍋に水360mlとだし昆布を入れる。豆腐をさっと洗って昆布の上にそっとのせる。強火にかける。

4

沸騰したら弱火にし、あくが出たら除く。

5

3分ほど煮たら根元を落とした春菊を加えて火を止める。

6

1を温め直し、青ねぎ、おろししょうが、刻みのりを薬味にして、豆腐につけながらいただく。

137

第7章 一食完結、ごはんとめん

忙しいときは、1品で満足できる、めんやごはん料理を。ごはんなら、チャーハンに丼、栄養を丸ごと炊き込むごはんも簡単にできます。
めん料理は、市販のつゆがなくてもいいんです！

絶対失敗しない！梅しらすチャーハン

「チャーハンをパラッと仕上げたい！」という相談の多いこと！
私は、冷たいごはんでも温かいごはんでも"卵ごはん"にして炒めます。今回は和風ですが、どんなチャーハンにも応用可能。

材料（1人分）

卵…2個
ごはん…400g
サラダ油…大さじ1
しらす（またはやわらかいちりめんじゃこ）…10g
ゆかり…3g
かつおだしの素…3g
青ねぎの小口切り…適量
塩…ごく少々
大葉…1枚
練り梅…適量

1

卵1個を溶きほぐしておく。

2

1をごはんにかけてよく絡める。

140

3

残りの卵もよく溶いておく。フライパンか中華鍋を強火で熱し、サラダ油をなじませる。煙が出はじめたら卵液を入れて炒める。

4

半熟のうちに2を加え、強火のまま炒める。

5

ごはんがパラパラしてきたら、しらす、ゆかり、かつおだしの素、青ねぎを加え、混ぜながら炒める。

6

味をみて、薄ければ塩でととのえる。青ねぎも加え、さっと混ぜる。

7

皿に盛り、大葉をのせ、その上に練り梅をのせる。練り梅を混ぜながらいただく。

甘辛旨い！牛肉とたまねぎのしぐれ煮丼

牛肉とたまねぎを甘辛く炊いたしぐれ煮。そのままおかずにしてもいいですが、どっさりのねぎと一緒に丼でかっこむのも旨い！　豚バラや鶏ももでもおいしくできます。

材料（1人分）

- たまねぎ…小1個
- 牛バラ薄切り肉…150g
- サラダ油…大さじ1
- 一味唐辛子…少々
- ごはん…丼1膳分
- 青ねぎの小口切り…たっぷり
- 刻みのり…適量

■煮汁
- 水…50㎖
- 酒…50㎖
- 濃口醬油…40㎖
- 砂糖…大さじ3

1

たまねぎは皮をむき、芯を除く。繊維に沿って、幅5㎜の薄切りにする。

2

牛肉は重ねて幅4〜5㎝に切る。

3

鍋を強火にかけ、サラダ油を入れる。煙が出はじめたら弱火にする。煮汁の材料の砂糖を少々とり、鍋底に散らす。

4

手早く**2**を加えて炒める。少し炒めたら、再度強火にする。**1**を加え、さらに炒める。

5

たまねぎがやわらかくなってきたら、煮汁の材料をすべて加える。沸騰したら中火にし、煮詰める。

6

煮汁がほぼなくなったら火を止める。一味唐辛子を加え、よく混ぜる。

7

丼にごはんを盛り、青ねぎを散らし、**6**をのせ、刻みのりをのせる。

あっさり旨だし ごまだれの まぐろ丼

熱々のごはんにまぐろの刺し身と炒り卵をのせた美しい丼です。
が、食べるときは、くせになるごまだれをどっとかけ、
豪快にかっこんでほしい！ 10分もあれば作れるひと品です。

材料（1人分）

- 卵…1個
- まぐろ（刺し身用、サク）…80〜100g
- ごはん…300g
- もみのり…適量
- 青ねぎの小口切り…適量
- 白すりごま…少々
- 大葉…1枚

■ごまだれ
- 水…小さじ4
- みりん、濃口醤油…各小さじ1
- かつおだしの素…2つまみ
- 白練りごま（ごまペースト）…小さじ2
- 白すりごま…小さじ1

1

ごまだれを作る。水、みりん、濃口醤油、かつおだしの素を入れ、沸騰直前まで温めたら、火を止めて冷ます。

2

炒り卵を作る。別の鍋によく溶いた卵液を入れて中火にかけ、割り箸で混ぜながら炒める。そぼろ状になるようよく混ぜてかため、完全に火が通ったら止める。

3

1が冷めたら練りごまとすりごまを加えてよく混ぜる。

4

まぐろは、高さがある方が奥になるような板の上に置く。==包丁を斜めに入れ、刃元から引くように切る。切り終える直前に包丁を立てる。==

5

丼に温かいごはんを平らに盛り、もみのりを散らす。

6

中央に**2**をこんもりと盛りつける。

7

炒り卵を囲むようにまぐろを盛りつける。できるだけもみのりを隠すように詰めて盛ると美しい。

8

青ねぎとすりごまを散らし、半分に折った大葉をさす。**3**をかけていただく。

栄養抜群！ひじきとちりめんじゃこのハーフ&ハーフ玄米ごはん

私はこれを"創作栄養ごはん"と呼んでいます。ごはんを半分、玄米に替え、栄養価の高いひじきとじゃこと炊き込むのです。面倒な調理もなく、ミネラルや食物繊維もとれる優秀ごはん！

材料（茶碗4膳分）

乾燥ひじき…10g
白米、玄米…各1合
ちりめんじゃこ…15g
ごま油…3～4滴

1

ひじきは40℃～500mlの水（分量外）で1時間ほど戻す。

2

白米と玄米はとぎ、水けをきって釜に入れる。2合の目盛りより少し多めに水を入れ、2時間ほど浸す。

3 ひじきは流水で2～3回すすぐ。

4 ざるに上げて軽く押さえて水けをしぼる。

5 **4**とちりめんじゃこを**2**に入れてざっくり混ぜる。

6 ごま油をたらす。

7 モードがあれば「やわらかめ」で、なければ普通に炊く。

8 炊き上がったらすぐに混ぜて余分な水けを飛ばす。

9 炊きたてを茶碗によそっていただく。残りは少し冷まして冷凍するといい。

万能だしで作る！さんまとごぼうの炊き込みごはん

このだしさえあれば、どんな炊き込みごはんもおいしくできちゃいます。鯛めしだって、ほかの食材だって簡単です。だし10に対し、みりん・醤油・酒1と覚えてください。

材料（1人分）

- 米…1合
- ごぼう…1/5本
- さんまの蒲焼き
  （缶詰、できるだけ添加物が少ないもの）
  …1/2缶
- しょうが…2/3片

■炊き込みごはんだし
- だし汁…200㎖
  （または水200㎖＋かつおだしの素1つまみ）
- 酒、みりん、濃口醤油
  …各小さじ4

1

米はといで1時間水に浸す。

2

ごぼうはよく洗い、縦に4等分する。束ねて厚さ3㎜に切る。

3
ボウルにだしの材料をすべて混ぜる。

4
釜に、水けをきった**1**、**2**と**3**を入れて軽く混ぜる。

5
さんまをほぐして加える。 普通のモードで炊く。

6
しょうがをごく薄切りにして細く切る（針生姜）。

7
水に浸し、にごりがなくなるまで2〜3回すすぐ。

8
5が炊き上がったらよく混ぜて余分な水けを飛ばす。茶碗に盛り、水けをきった**7**をのせる。

斬新！旨味がすごい 明太子焼きそば

「明太子スパゲティがおいしいなら、焼きそばも……？」と
ひらめきました。完成したレシピはだし汁を加えて仕上げます。
しっとりするし、"和"なおいしさを完成させてくれるのです。

材料（1人分）
辛子明太子（またはたらこ）…1/2腹（約50g）
大葉…4枚
焼きそば用めん…2玉
サラダ油…小さじ2
塩、こしょう…各少々
だし汁…大さじ2
（または水大さじ2＋かつおだしの素1つまみ）
刻みのり…適量

1

明太子は皮に切り目を入れ、包丁で
しごいて粒を取り出す。

2

大葉は重ね、縦にできるだけ細く刻
みます。

3

めんは熱湯をかけてほぐす。水けをよくきる。

4

フライパンを強火で熱し、サラダ油をなじませる。1分ほどおいたら中火にし、**3**を入れ、<mark>菜箸でほぐしながら2～3分炒める。</mark>

5

1は1/5量を残して**4**に加え、絡めながら炒める。

6

<mark>明太子がよく絡まったら</mark>塩、こしょうで味をととのえる。だし汁を散らすように加え、さらに炒める。

7

<mark>だし汁がなじんだら</mark>、平皿に盛る。**2**と、**5**でとっておいた明太子、刻みのりをのせる。

151

コク旨！手作りカレーうどん

煮物を作るときのだしの黄金率はだし汁12に対し、みりんと薄口醤油を1。ここにカレー粉を加えると、そば屋さんで食べるようなカレーうどんのだしが出来上がります。

材料（1人分）

たまねぎ…1/2個
水…240㎖
みりん、薄口醤油
　…各小さじ4
バター…5g
牛こま切れ肉…100g

小麦粉…大さじ1
かつおだしの素…2つまみ
塩…2つまみ
カレー粉…大さじ1〜1と1/2
冷凍うどん…1玉
わかめ、青ねぎの小口切り
　…各適量

1

たまねぎは繊維に沿って厚さ5㎜の薄切りにする。

2

ボウルに分量の水、みりん、薄口醤油を混ぜる。

3

フライパンを強火で熱し、バターを溶かす。中火にし、**1**と牛肉を入れて炒める。<mark>たまねぎに透明感が出てきたら</mark>小麦粉を全体にまぶし、よく混ぜる。

4

2、かつおだしの素、塩を加えてよく混ぜ、再度強火にする。

5

カレー粉を加えてよく混ぜ、<mark>再度沸騰したら5分ほど</mark>煮込む。

6

うどんを温め、ざるに上げる。

7

丼に**6**を盛り、**5**をかけ、わかめと青ねぎをのせる。

熱々！鶏旨だしのつけそうめん

そうめんだけではあっさりしすぎる。そんな人におすすめの、鶏のコクが加わったそうめんです。市販のめんつゆではなく5:1:1の割合でだしと調味料を混ぜた簡単で旨すぎるひと品です。

材料（1人分）

そうめん…2束（約100g）
もみのり…適量
青ねぎの小口切り…適量

■つけだし
鶏もも肉…50g
だし汁…75㎖
（または水75㎖＋かつおだしの素1つまみ）
みりん、濃口醬油…各大さじ1

1

大きめの鍋に強火で湯を沸かし、その間に、ボウルに氷水を用意する。沸騰したら手早くそうめんを入れる。

2

再度沸騰し、ふきこぼれる直前に水50㎖（分量外）を加える。これを強火のまま3回繰り返す。

3
3回目の水を入れて再度沸騰したらざるに上げる。

4
流水をかけて手早く冷ます。

5
氷水に移し、冷やして水けをきる。

6
鶏肉は繊維を断つように幅5mmくらいに切る。

7
つけだしを作る。鍋にだし汁、みりん、濃口醤油を入れて中火にかける。

8
沸騰したら**6**を加えて1分ほど煮る。

9
平皿に**5**を盛ってもみのりをのせる。**8**は小鉢に入れ、青ねぎの小口切りを散らす。

豚バラ入り濃厚かつおだし和風つけめん

特に暑〜い日の休日の昼食。濃厚なだしでつけめんをがっつりと。
ポイントは"追いがつお"です。かつおぶしが濃く、
さらに豚バラの旨味。激安のめんだってご馳走に！

材料（1人分）

中華めん…2玉
白煎りごま…適量
青ねぎの小口切り…適量

■濃厚豚バラつけ汁
　水…100㎖
　みりん、濃口醬油…各小さじ4
　かつおだしの素…小さじ1
　かつおぶし…小1パック
　豚バラ薄切り肉…50g

1

つけ汁を作る。鍋に分量の水、みりん、濃口醬油、かつおだしの素を入れ、強火にかける。沸騰したらかつおぶしを加える。

2
幅3cmに切った豚肉を加え、色が変わったら火を止め、そのまま==余熱で火を通す==。

3
別の大きめの鍋に1.5ℓくらいの湯を沸かし、めんを入れる。

4
再度沸騰したら==噴きこぼれない程度に火を弱め==、袋の表示通りにゆでる。

5
ざるに上げ、すぐに流水で洗う。粗熱がとれたら==氷水にとり、冷やす==。水けをきって器に盛り、ごまをふる。

6
2を温め直し、器に盛る。青ねぎを添える。

温玉のせ牛肉すき焼き鍋焼きうどん

早く食べたい、一人の夕食。それには段取りが重要です。
全部材料を用意してから作るのではなく、煮ながら切る。
そんな手順を身につけて、ますます自炊を楽しんでくださいね。

材料（1人分）

冷凍うどん…1玉
たまねぎ…1/6個
白菜…1枚
しめじ…1/5パック
長ねぎ…1/6本
厚揚げ…1/4枚
牛こま切れ肉…100g
春菊…1〜2株

■割り下
水、酒…各60㎖
濃口醤油…55㎖
砂糖…大さじ4

1

冷凍うどんはぬるま湯に浸し、溶かす。

2

一人用の土鍋に割り下の材料をすべて入れ、砂糖が溶けるまで混ぜる。弱火にかける。

3
たまねぎは繊維に沿って厚さ5mmの薄切りにする。白菜は4cm角に切る。芯は少し小さめにする。

4
2に**3**を入れて強火にする。

5
しめじは根元を切り、ほぐさないでおく。長ねぎは長さ5cmの斜め切りにする。厚揚げは食べやすく切る。

6
水けをきった**1**を**4**のたまねぎの上にのせる。**5**をすべて加える。

7
牛肉をのせてふたをし、3〜4分煮る。

8
春菊は根元を落とし、洗う。

9
7に**8**と温泉卵をのせ、ふたをして軽く煮る。春菊に火が通ったら出来上がり。

STAFF		
	撮影・文	佐藤周生
	デザイン	後藤奈穂
	構成	北條芽以
	一部料理写真撮影	菊池陽一郎
	一部料理写真スタイリング	結城寿美江
	タイトル文字	筆文字や隆庵
	校正	鈴木初江
	編集	川上隆子(ワニブックス)

居酒屋めし
最強おかずとつまみ72

佐藤周生　著

2018年6月9日　初版発行

発行者　横内正昭
編集人　青柳有紀
発行所　株式会社ワニブックス
　　　　〒150-8482
　　　　東京都渋谷区恵比寿4-4-9　えびす大黒ビル
電話　　03-5449-2711(代表)
　　　　03-5449-2716(編集部)
ワニブックスHP　http://www.wani.co.jp/
WANI BOOKOUT　http://www.wanibookout.com/

印刷所　株式会社光邦
製本所　ナショナル製本

定価はカバーに表示してあります。
落丁・乱丁の場合は小社管理部宛にお送りください。送料は小社負担で
お取り替えいたします。ただし、古書店等で購入したものに関してはお取り
替えできません。
本書の一部、または全部を無断で複写・複製・転載・公衆送信することは
法律で定められた範囲を除いて禁じられています。

Ⓒ佐藤周生2018
ISBN978-4-8470-9682-2